Hermann Adrian Guenther von Goeckingk

Geschichte des Nassauischen Wappens

Hermann Adrian Guenther von Goeckingk

Geschichte des Nassauischen Wappens

ISBN/EAN: 9783743651609

Hergestellt in Europa, USA, Kanada, Australien, Japan

Cover: Foto ©ninafisch / pixelio.de

Weitere Bücher finden Sie auf **www.hansebooks.com**

GESCHICHTE

DES

NASSAUISCHEN WAPPENS

VON

H. von GOECKINGK,

KÖNIGLICHEM KAMMERJUNKER UND PREMIER-LIEUTENANT A. D.

MIT 1 WAPPEN NACH ALTEM VORBILDE, INITIALEN, KOPFLEISTEN UND SCHLUSSSTÜCKEN VON
E. DOEPLER D. J. UND 6 WAPPEN- UND SIEGELTAFELN VON H. NAHDE.

GÖRLITZ.
VERLAG VON C. A. STARKE.
1880.

ie Geschichte des nassauischen Wappens ist gleichermassen ein Spiegelbild sowohl der Geschichte der Heraldik als der Geschichte des nassauischen Hauses.

Wir sehen darin zunächst, wie die Edlen ihre Schilde mit bildlichen Zeichen schmücken und diese auf ihre Söhne und Enkel vererben; wir sehen weiter, wie sich aus dem kriegerischen Helmschmuck allmählig das heraldische Kleinod entwickelt, wie auch dieses erblich wird; wir erkennen darin, dass die Wappen der Person und nicht dem Lande gehören und folglich „nicht durch das Gut, sondern durch das Blut" vererben. Wir sehen aber auch, wie allmählig das Verständnifs für heraldische Wissenschaft und Kunst schwindet, wie die Wappen sich mehr und mehr zu Landkarten gestalten, wie die Heraldik mit raschen Schritten ihrem Verfall entgegeneilt, bis sie schliefslich auf den traurigen Standpunkt slakt, der leider noch heute nicht überwunden ist.

Aber auch die Geschichte des Erlauchten Hauses erkennen wir in dem Wappen. Schon früh zeigt es uns die Theilung desselben in zwei Stämme und später deren einzelnen Zweige. Wir sehen die nassauischen Grafen sich mit vornehmen Geschlechtern verbinden, wir sehen sie reiche Besitzungen nah und fern erwerben, wir sehen sie Fürstenwürde und Herzogshut, ja Königliche Kronen erlangen.

Die Geschichte des nassauischen Wappens dürfte daher dem Heraldiker sowohl, wie dem Historiker des nassauischen Hauses und seiner Territorien willkommen sein. Beide bitte ich aber, mein Bestreben, aus dem mir zugänglich gewesenen urkundlichen Material das wichtige von dem unwichtigen, das richtige von dem unrichtigen zu scheiden, und das so gefundene kurz und übersichtlich wiederzugeben, nachsichtig beurtheilen zu wollen, um so mehr, als trotz des anscheinend reichen Materials doch noch so manche

Frage aus Mangel an urkundlichen Quellen unerörtert oder doch ungelöst bleiben mufste.

Mancher wird vielleicht, da ich vorzugsweise auf Schild und Helm mein Augenmerk richtete und des äufseren Schmuckes nur gelegentlich gedachte, einige Details vermissen. Ich will daher hier bemerken, dafs eine Helmkrone aufser in den Wappen von Mörs und Limburg-Styrum mir nicht vorgekommen ist, dafs ich die Farben der Helmdecken, die sich gewöhnlich nach den Farben des Kleinods richten, nur dann erwähnt habe, wenn ich dieselben in älteren Wappenbüchern fand, und dafs ich auch die — namentlich von der Oranischen Linie — vielfach um den Schild gehängten Orden deshalb nicht berücksichtigte, weil dieselben auf das Wappen des Hauses als solches keinen Einflufs üben. Ebenso ist der Schildhalter nur dann gedacht, wenn sie bestimmungsgemäfs im Wappen geführt werden sollen, mithin einen unveränderlichen und erblichen Theil derselben ausmachen.

Einen Wappenspruch fand ich nur bei der Oranischen Linie.

Die Stammtafeln enthalten in gedrängtester Kürze nur die zum besseren Verständnifs des Textes durchaus nöthigen Angaben und machen demgemäfs nach keiner anderen Richtung hin auf Vollstständigkeit Anspruch.

Indem ich allen den Herren, die mich so liebenswürdig wie thatkräftig unterstützten, meinen wärmsten Dank zolle, spreche ich diesen nicht minder den Herren Künstlern und Verleger, welche meine bescheidene Arbeit so trefflich ausstatteten, hierdurch aus.

Wiesbaden, den 18. Oktober 1879.

v. Goeckingk.

INHALTS-VERZEICHNISS.

	Seite
Quellen	VII
I. Das Stammwappen der Grafen von Nassau	1
II. Die Wappen der durch Erbschaft, Kauf und anderweitig erworbenen Besitzungen, so weit sie im nassauischen Wappen Aufnahme fanden	5
1. Der Grafen von Saarbrücken	5
2. Der Herren von Merenberg	6
3. Der Herren von Heinsberg, Grafen von Sponheim und Herren von Diest	6
4. Der Grafen von Mörs-Saarwerden und der Herren von Geroldseck-Lahr und Mahlberg	7
5. Der Grafen von Weilnau	9
6. Der Grafen von Sayn und Wittgenstein und der Herren von Homburg und Freusburg	10
7. Des Erzstifts Cöln	11
8. Des Erzstifts Trier	11
9. Der Pfalzgrafen bei Rhein	11
10. Der Herren von Eppstein und der Grafen von Königstein	11
11. Der Burggrafen von Hammerstein	12
12. Der Herren von Limburg	12
13. Der Grafen von Vianden (Perwez)	12
14. Der Grafen von Dietz	13
15. Der Grafen von Catzenelnbogen	14
16. Der Grafen von Châlon, Oranien und Genf	15
17. Der Herzöge von Bretagne und Luxemburg	16
18. Der Herren von Büren	16
19. Der Herren von Borsselen (Veere)	16
20. Der Herzöge von Sachsen	17
21. Der Könige von England, Frankreich, Irland und Schottland	17
22. Der Grafen von Limburg-Styrum und von Bronckhorst und der Herren von Wisch und von Borkelo	18
23. Der Grafen von Holzappel	18
24. Der Vereinigten Niederlande	19
III. Die Wappen der Grafen und Fürsten Walramischen Stammes	20
1. Der Linie zu Wiesbaden-Idstein 1361–1605	20
2. Der Linie zu Sonnenberg 1361–1390	20
3. Der Linie zu Weilburg 1361–1660	20
4. Der Linie zu Saarbrücken 1429–1574	21
5. Gemeinsames Wappen sämmtlicher Linien 1660–1805	22
IV. Die Wappen der Grafen und Fürsten Ottonischen Stammes	23
1. Der Linie zu Hadamar 1290–1394	25
2. Der Linie zu Dillenburg 1290–1328	25
3. Der Linie zu Beilstein 1343–1561	25

		Seite
4. Der zweiten Linie zu Dillenburg 1343—1559		26
5. Der Linie von Oranien 1530—1814		26
6. Der Catzenelnbogener Linie 1559—1743		28
7. Des Souverainen Fürsten der Vereinigten Niederlande 1814—1815		29
V. Das Wappen des Herzogs von Nassau		30
VI. Das Wappen des Königs der Niederlande		35
Stammtafeln		37
Beilagen		55
Bemerkungen zu den Wappentafeln		63
Wappen-Register		66

QUELLEN.

A. Sammlungen und Handschriften.

1. **Königl. Staatsarchiv zu Idstein.**
   a) Original-Siegel an Urkunden.
   b) Sammlung nassauischer Münz- und Siegelstempel.
   c) Sammlung von Siegelabgüssen.
   d) Die vom Archivar von Erath angelegte Sammlung gezeichneter Siegel.
   e) Stamm-, Ahnen- und Wappen-Tafeln.
   f) Genealogia oder Stam Register der Durchleuchtigen Hoch und Wohlgeborenen Fürsten, Grauen und Herrn, Dess Uhr Alten Hochlöblichen Hauses Nassau Sampt Etzlichen Conterfaytischen Epitaphien Colligiret, geriessen und beschrieben Durch Henrich Dorsen Mahlern von Altenweilnaw A° 1632.

   Eine für die Geschichte des Hauses deshalb ausserordentlich wichtige Handschrift, weil von den vielen hier abgebildeten Grabmonumenten kaum noch ein Stein vorhanden sein dürfte.

   g) Andrueische Genealogieabücher. 9 Bände, welche der Registrator Johann Andreae 1634—1645 in Metz, wohin er sich mit dem Archiv des Grafen von Nassau-Saarbrücken geflüchtet hatte, schrieb. Ebenfalls eine sehr werthvolle Handschrift.

   h) Einige wenige Urkunden und Acten. Die meisten das Wappen betreffenden Archivalien sind 1868 vertragsmäßig abgegeben worden an

2. **Das Herzoglich Nassauische Hausarchiv zu Weilburg.**[1]
   Diese einzusehen war mir leider nicht vergönnt und musste ich mich daher mit den Abschriften begnügen, welche vor ungefähr 15 Jahren der damalige Conservator der Alterthümer in Wiesbaden Dr. Rossel[2] behufs der von ihm beabsichtigten Publication der Wappen nassauischer Dynasten genommen, und welche jetzt Eigenthum

3. **Des Vereins für nassauische Alterthumskunde und Geschichtsforschung** sind. Auf diese Abschriften beziehen sich die Citate: „Weilburg fasc...." und „Ms. Act." Ebenfalls in Berlin dieses Vereins befinden sich die Auszüge mit facsimilirten Wappen aus dem

4. **Mannlehnbuch von Kurpfalz**, welches um die Mitte des 15. Jahrhunderts angelegt wurde und im Grofsherz. General-Landesarchiv in Carlsruhe aufbewahrt wird, sowie einige Pausen aus dem

5. **Balduineum**, einem auf Befehl des Kurfürsten Balduin von Trier in der ersten Hälfte des 14. Jahrhunderts gefertigten, viele Wappen enthaltenden Pergamencodex im Königl. Staatsarchiv zu Coblenz. Die Handschrift selbst ist zur Zeit wegen der beabsichtigten Publication nicht zugänglich.

---

[1] Diesbezügliche Recherchen im Königl. Niederländischen Reichsarchiv und im Königl. Niederländischen Hausarchiv haben keinen nennenswerthen Erfolg gehabt.

[2] Siehe Annalen des Vereins für nassauische Alterthumskunde und Geschichtsforschung. 15. Band 1879. pag. 264.

6. Museum zu Wiesbaden.
   a) Die reichhaltige Sammlung von Siegelabgüssen.
   b) BÄRSCH, Geh. Reg. Rath a. D. Stammtafel der Grafen von Holzappel und deren Nachkommen. Coblenz 1852. Handschrift.
   c) Einige Wappenreliefs.
7. Die Sammlung nassauischer Münzen und Medaillen, sowie Münz- und Siegelstempel des Herrn Polizeiraths A. HÖHN in Wiesbaden.
8. Die Sammlung mittelalterlicher Siegel des Herrn Rechnungsraths F. WARNECKE zu Berlin.
9. Wilmart, O. H. Le triomphe généalogique de l'auguste maison de Nassau 1673. Eine namentlich in wappenkünstlerischer Hinsicht treffliche Handschrift im HOHENZOLLERN-MUSEUM.
10. Des Conrad Grünenberg, Ritters und Bürgers zu Costenz Wappenbuch, vollbracht am ainden Tag des Abrellen do man zalt tusend vierhundert drü und achtzig jar. In Farbendruck neu herausgegeben von Dr. R. Graf STILLFRIED-ALCÁNTARA und Ad. M. HILDEBRANDT. Görlitz 1875. (Im Erscheinen begriffen).

B. Bücher.

1. ARNOLDI, J. Geschichte der Oranien-Nassauischen Länder. Hadamar 1797—1816.
2. CHIFFLET, J. J. Souverains et chevaliers de la Toison d'or, dans leur ordre et avec leurs qualifications officielles et leurs armoiries blasonnées. Appendice à l'histoire de l'ordre de la Toison d'or par le Baron de Reiffenberg. Bruxelles 1830.
3. CHRISTIJN, J. B. Jurisprudentia Heroica sive de jure Belgarum circa nobilitatem et insignia. Bruxellis 1689.
4. Fahne Geschichte der Westphälischen Geschlechter. Cöln 1858.
5. — Geschichte der Kölnischen, Jülichschen und Bergischen Geschlechter. Cöln und Bonn 1848—55.
6. — Geschichte der Grafen, jetzigen Fürsten zu Salm-Reifferscheid. Cöln 1858—66.
7. — Die Dynasten, Freiherren und jetzigen Grafen von Bocholtz. Cöln 1856—63.
8. GROTE, H. Geschichte des Königlich Preussischen Wappens. Leipzig 1861.
9. — Stammtafeln. Leipzig 1877.
10. Imhoff Notitia Sacri Romani Germaniae Imperii Procerum. Editio Quinta Koeleri. Tubingae 1732.
11. KÖLLNER, F. Geschichte des vormaligen Nassau-Saarbrückschen Landes. Saarbrücken 1841.
12. LEDEBUR, L. v. Streifzüge durch die Felder des Königl. Preussischen Wappens. Berlin 1842.
13. Pragmatische Geschichte des Hauses Geroldseck wie auch derer Reichsherrschaften Ilnberogeroldseck, Lahr und Mahlberg in Schwaben. Mit 213 Urkunden. Frankfort und Leipzig 1766.
14. ROSSEL, Dr. K. Das Stadt-Wappen von Wiesbaden. o. J.
15. SCHLIEPHAKE. Geschichte von Nassau. Wiesbaden 1866.
16. SCHOELL, F. Histoire abrégée des traités de paix entre les puissances de l'Europe. Tome seconde. Paris 1817.
17. SPENER, PH. J. Historia Insignium Illustrium seu operis heraldici pars specialis. Franc. 1681.
18. Staatsblad der Nederlanden 1814. 1815.
19. Teutschordens-Deduction. Entdeckter Ungrund derjenigen Einwendungen, welche in zweien von Seiten der Hochfürstl. Häuser Hessen-Cassel und Hessen-Darmstadt neuerlich an's Licht getretenen Imprimalie gegen des Deutsch-Ordens Bailey Hessen Immediaet fürgebracht wurden. 1753.
20. VOGEL, C. D. Beschreibung des Herzogthums Nassau. Wiesbaden 1843.
21. WEIDENBACH, Hofrath A. J. Nassauische Territorien im X. Band der Annalen des Vereins für nassauische Alterthumskunde und Geschichtsforschung. Wiesbaden 1870.
22. WOLFF, Dr. C. Die nassitellaaren Theile des ehemaligen römisch-deutschen Kaiserreiches. Berlin 1873.

Die Stammtafeln sind auch nach GROTE, HAGELGANS, WITZLEBEN, HÜBNER, COHN, HOPF u. s. w. bearbeitet.

I.

Das Stammwappen der Grafen von Nassau.

ie beiden ältesten nassauischen Siegel im Königlichen Staatsarchiv zu Idstein aus den Jahren 1198 und 1220 zeigen als Stammwappen dieses Geschlechts einen Löwen ohne jede weitere Zuthat. Das erste Siegel soll dem Grafen WALRAM VON LAURENBURG gehören[1]), das andere ist das Gemeinschafts-Siegel[2]) seiner Söhne HEINRICH und ROBERT. Ersterer führt aber im Jahre 1246 den Löwen bereits von Schindeln begleitet[3]), die nun ein charakteristisches Zeichen im Wappen der Grafen von Nassau bleiben. Nur auf dem Schildsiegel[4]) seines jüngeren Sohnes OTTO I. von 1258 begegnen wir noch einmal dem Löwen ohne Schindeln, doch hat der Schild eine gestückte Einfassung.

Das Stammwappen der Grafen von Nassau ist demnach seit der Mitte des 13. Jahrhunderts im blauen mit gelben Schindeln bestreuten Felde ein gelber Löwe. Dieser ist von dem jüngeren — Ottonischen — Stamm stets ungekrönt geführt worden, während der ältere — Walramische — Stamm im 15. Jahrhundert anfing, denselben mit der Krone darzustellen. Er folgte hierin nur einer damals — am Rheine wenigstens —

---

[1]) Dieses Siegel, welches jedenfalls erst später an der Urkunde — (der Grafen HEINRICH und ROBERT und ihrer Mutter KONEGUNDIS für das Kloster Rommersdorf, SCHLIEPHAKE I. 460.) — befestigt wurde, ist jetzt so verwaschen, dass von dem Löwen nur noch die Umrisse, von der Legende aber kaum noch ein Buchstabe zu erkennen ist. Vor zwanzig Jahren war dasselbe noch besser erhalten und namentlich die Legende noch so deutlich, dass wenigstens das Wort Lvrenburch zu entziffern war. Damals ist dasselbe für das „Sphragistische Album des Fürsten F. K. zu Hohenlohe-Waldenburg" — siehe dieses — gezeichnet worden.

[2]) Taf. IV. No. 1.

[3]) Taf. IV. No. 2.

[4]) Taf. IV. No. 3. Auch das Siegel vom Jahre 1198 hat im Sprag. Album diese Einfassung.

allgemeinen Sitte.¹) Gewöhnlich wurde die Krone roth tingirt, doch kommt dieselbe auch gelb vor.²)

Helme finden wir auf den nassauischen Siegeln erst nach der Brüdertheilung vom Jahre 1255 und müssen, da der Helmschmuck in beiden Stämmen verschieden war, jeden Stamm für sich betrachten.

Im Walramischen Stamme finden wir einen Helmschmuck zuerst auf dem Reitersiegel des Grafen GERLACH vom Jahre 1344.³) sowie auf den Siegeln seiner Söhne ADOLF⁴) — 1353 — und JOHANN⁵) — 1340 —. Es ist jenes bekannte kamm- oder flossenartige Schirmbrett, welches v. MAYERFELS sehr bezeichnend „ein ganz unbestimmtes Zwitter-Kleinod" nennt.⁶) Ein zweites Siegel⁷) des eben genannten JOHANN VON NASSAU-WEILBURG vom Jahre 1344 zeigt als Helmschmuck einen Flug, der mit einer Scheibe belegt ist, in welcher ein Löwe erscheint. Dies ist der Helm, den Graf JOHANN VON CATZENELNBOGEN ihm in diesem Jahre zu führen vergönnt hatte.⁸) Derselbe interessirt uns hier aber weniger, da JOHANN, der einerseits nur persönlich zu dessen Führung berechtigt war, andererseits nach wenigen Jahren mit einem andern Kleinod belehnt wurde.

Im Jahre 1353 nämlich verlieh⁹) Pfalzgraf RUPRECHT I. seinen Vettern, den Grafen ADOLF I. und JOHANN I. VON NASSAU das Recht, seinen — pfalzgräflichen — Löwen zwischen den beiden Hörnern von ihrem — nassauischen — Wappen¹⁰) auf dem Helme zu führen und zwar mit der ausdrücklichen Bestimmung, dafs „ADOLF vnd JOHANN vnd ir Erben mit namen allewege zwene die eldesten Sone von des vatters stamme vnd die graven zu Nassowe sin" diesen Helm führen sollten. Trotz dieser Einschränkung auf die beiden ältesten Söhne wurde der gelbe Löwe¹¹) zwischen zwei blauen Büffelhörnern, die später mit gelben Schindeln bestreut wurden, der Helmschmuck des ganzen Walramischen Stammes.¹²)

Im Ottonischen Stamme finden wir auf dem Reitersiegel des Stifters 1287 noch kein Kleinod. Die Siegel seiner Söhne HEINRICH I. und EMICH I. hingegen zeigen das oben erwähnte Zwitterkleinod, als welches man auch den Helmschmuck¹³) des Grafen OTTO II.

---

¹) Siehe die Wappen von MAHLBERG, WEILNAU, SAYN, PFALZ, DIETZ. Aus diesem Grunde kann ich auf die Frage, wer zuerst den Löwen gekrönt habe, ein besonderes Gewicht nicht legen. Dem Anscheine nach that dieses aber Graf ADOLF II. von Wiesbaden, auf dessen Siegel der Löwe einen Kopfschmuck trägt, der wohl eine Krone darstellen kann. Nach der Zeichnung seines Grabsteins im Kloster Clarenthal (siehe Dorow) hätte allerdings ADOLF I. — † 1370 - bereits einen gekrönten Löwen geführt. Vom Grafen JOHANN — 1420 — an führte die Idsteiner Linie stets die Krone, während die 1374 erloschene Linie zu Saarbrücken wie und die Weilburger erst unter PHILIPP III. — 1523 — die Krone annahm.

²) GRÜNENBERG Lief. 4. LXXXVI. b. tingirt die Krone des Pfälzer Löwen auf dem Helme gelb.
³) Taf. IV. No. 4.
⁴) Taf. IV. No. 5.
⁵) Taf. IV. No. 6.
⁶) Heraldisches A B C pag. 468.
⁷) Taf. IV. No. 7.
⁸) Siehe Beilage 1.
⁹) Siehe Beilage 2.
¹⁰) Hiernach müfsten diese beiden Grafen als gemeinsamen Helmschmuck Hörner geführt haben. Auf Siegeln finde ich dieselben aber nicht.
¹¹) Dieser erscheint zuerst ohne Krone, später aber und zwar übereinstimmend mit dem Löwen im Schilde gekrönt.
¹²) Taf. IV. No. 8, das Helmsiegel des Grafen JOHANN von 1355, dem das etwas kleinere Siegel seines Bruders ADOLF durchaus entspricht.
¹³) Taf. IV. No. 9.

von Dillenburg — 1341 — bezeichnen kann, obwohl dieser schon eher einem geschlossenen Fluge ähnlich sieht. Sein Sohn JOHANN I. führte 1394 einen Flug,[1]) welcher, wie dieses auf dem Siegel[2]) des Grafen ADOLF 1416 noch deutlicher hervortritt, mit Herzchen belegt ist. Gleichmäfsig führten von der Beilsteiner Linie Graf JOHANN I. 1418 einen Flug und HEINRICH IV. 1478 denselben mit Lindenblättern geschmückt.[3]) Später belegten beide Linien den Flug mit einem Schrägbalken und diesen mit den Lindenblättern, und zwar JOHANN V. von Dillenburg[4]) 1496, JOHANN II. von Beilstein[5]) 1505. So ist seitdem der Helmschmuck im ganzen Stamme geführt worden, und zwar der Flug schwarz, der Balken oder Reif weifs, die Blätter[6]) gelb.[7])

Als in dem Jahre 1783 wegen einer Erbeinigung des gesammten Fürstlichen Hauses Nassau Conferenzen stattfanden, fühlte man sich veranlafst, auch die „Annahme eines gleichförmigen Titels und Wappens" in Erwägung zu ziehen. In der vom 7. bis 24. Januar in Kirberg abgehaltenen Conferenz[8]) beschlossen die Bevollmächtigten zunächst:

„dafs wegen des eigentlichen Fürstl. Nassauischen Stammwappens und dessen Farben, sowie wegen der Zahl und Ordnung derer Schindeln eine genaue Untersuchung angestellt, fort das also berichtigte Wappen von sämmtlichen höchsten Personen ewig geführet, von denen übrigen Nebentiteln und Wappen aber um so mehr gänzlich abstrahiret werden müsse, als eines Theils wegen des auf ein oder der andern Graf- und Herrschaft haftenden Lehnverbandes sich vor der Hand einige Bedenklichkeiten ereignen dürften, andern Theils aber nach dem gegenwärtigen Entwurf des zu vollziehenden Erbvereins sämmtliche neu erworbene Graf- und Herrschaften mit denen Alt Nassauischen Stammlanden zusammen geworfen werden, und daraus ein einziges unzertrenntes Corpus erwachsen solle, zu dessen Bezeichnung der Titul und Wappen eines Fürsten zu Nassau allerdings für hintauglich erachtet wird."

In der vom 7. Juli bis 2. August 1783 zu Bad Ems abgehaltenen Conferenz[9]) war man

„nach reifer Erwägung und Vorlegung derer von dem Herrn Geh. Rath KREMER[9]) über das Fürstliche Wappen entworfenen gründlichen — mit denen Gedenken

---

[1]) Taf. IV. No. 10.
[2]) Taf. V. No. 11.
[3]) Taf. V. No. 12.
[4]) Taf. V. No. 13.
[5]) Taf. V. No. 14.
[6]) GRÜNENBERG zeichnet einen schwarzen Flügel, in dem sechs gelbe Lindenblätter geflochten sind. Bald finde ich Herzchen, bald Lindenblätter, und zwar jene auf den ältesten Siegeln. Indessen mögen auch diese Figuren trotz des fehlenden Stils wohl Blätter vorstellen sollen.
[7]) Die Ansicht, der Helm des Ottonischen Stammes sei der Helm von Vianden, dürfte durch die Thatsache, dafs auch die Linie zu Beilstein denselben führte, widerlegt sein, wenn nicht etwa auch hier ein gleichzeitiges Helmlehen für beide Linien nachgewiesen werden kann.

Auch der Reif im Kleinod kann nicht von Vianden sein, da ihn auch JOHANN II. von Beilstein — allerdings dieser allein, denn sein Sohn siegelte ohne denselben — führte. — Der Flug bestand ursprünglich aus geflochtenen Lindenzweigen, in welche die einzelnen Federn hineingesteckt waren. Vermuthlich hat man später den oberen Rand dieses korbartigen Flechtwerks für einen Reif gehalten, der mit Blättern bestrickt sei.
[8]) WEILBURG fasc. II. 38—97.
[9]) KREMER hatte sein Gutachten dahin abgegeben, dafs die Zahl der Schindeln auf neun zu bestimmen sei, weil bei der Theilung von 1255 beide Brüder zum Beweise der beibehaltenen Gemeinschaft sich eines völlig gleichen Wappens mit neun Schindeln bedient hätten. Der Löwe müsse zum Unterschiede von dem Pfälzischen Löwen, welcher den Helm ziere, ungekrönt sein. (WEILB. fasc. II. 38—97.)

des Herrn Regierungsraths v. RAUSCHARD ¹) im Hauptmerk einverstandenen Gutachten zwar überzeugt, dafs das Fürstl. Nassauische Stammwappen eigentlich in einem ungekrönten Löwen bestehen solle, hielte jedoch dafür, dafs, nachdem gedachter Löwe schon seit Jahrhunderten, unbekannt aus welchem Anlafs und ungewifs, ob nicht nach Muthmafsung einiger Gelehrten zum Andenken des Kaisers ADOLPH aus dem Hause Nassau gekrönt geführet, auch eben dieses schon geraume Zeit in der Fürstl. Oranischen Linie ²), vielleicht zum Andenken des Königs WILHELM in England also beobachtet worden, der gekrönte Löwe fernerhin beizubehalten sei."

„Die Zahl der Schindeln wurde auf sieben als die in den allerältesten Zeiten am meisten gewöhnliche Zahl bestimmt. Des Helmschmucks zu erwähnen fand man um deswillen für überflüssig, weil heut zu Tage auf Siegeln und Wappen nur der Fürstenhut gewöhnlich geführt wird." Der Schild wurde demnächst bestimmt als: „Ein aufrechter — zum Streit gerichteter — roth gekrönter, goldener, rechts stehender Löwe mit vorgeschlagener rother Zunge und rothen Klauen, auch aufgewundenem Schwanze, in blauem mit sieben goldenen Schindeln (2. 2. 2. 1.) bestreutem Felde." ³)

¹) RAUSCHARD gab seine Meinung dahin ab, dafs man den gekrönten Löwen annehme und sich wegen der Zahl der Schindeln etwa auf sieben vereinbare. (WEILB. fasc. II. 38—97. ad 58.)
²) Dies ist irrig. Nur auf einigen Fürstl. Nassau-Oranischen Amtssiegeln und Medaillen habe ich den Löwen gekrönt gefunden.
³) Auf einem Nachtrag zu dieser Erbeinigung zeigt auch das Siegel des Fürsten von Nassau-Oranien den gekrönten Löwen; dagegen kommt derselbe auf späteren Siegeln wieder ungekrönt vor.

II.
Die Wappen der durch Erbschaft, Kauf und anderweitig erworbenen Besitzungen, soweit sie im nassauischen Wappen Aufnahme fanden.

1. Das Wappen der Grafen von Saarbrücken.
(Stammtafel 3.)

SIMON III. der letzte Graf von Saarbrücken, hinterliefs — 1233 — die Grafschaft seiner ältesten Tochter LORETTA, welche mit DIETRICH LUF von Cleve vermählt war. Nach ihrem Tode — 1271 — fiel Saarbrücken an ihre Schwester MATHILDE, Gemahlin des Grafen AMADEUS von Mümpelgard-Montfaucon, dessen Nachkommen sich nach dieser Grafschaft nannten. Durch JOHANN'S II. — † 1381 — Tochter und Erbin, Wittwe des Grafen JOHANN I. von Nassau-Weilburg — † 1371 — kam die Grafschaft Saarbrücken in den Besitz des nassauischen Hauses.

Die Grafen von Saarbrücken führten einen gekrönten weifsen Löwen im blauen mit gelben Kreuzchen¹) bestreuten Schilde.²) Der Helmschmuck, ein Flug, welcher irrig auch weifs und blau, oder weifs, belegt mit schwarzem Balken, vorkommt, ist getheilt: Oben weifs, unten schwarz.³)

¹) Gewöhnlich dargestellt als Kreuzchen, deren oberen und Seitenarme kleeblattförmig enden. So im Manniehnbuch von Kurpfalz. (Taf. VI. No. 1.) Sie kommen auch weifs vor, z. B. SPENER p. 654, und bei KREMER (WEILBURG fasc. II. ad 50), welcher sie als „Doppel (recroisettées) an der basi augespitzt" blasonirt.
²) SIMON III. führt 1320 und JOHANN II. 1334 den gekrönten Löwen ohne Kreuzchen.
³) Beilage 3. KREMER l. c. glaubt, dafs auf Grund dieser Urkunde und „nach der heraldischen Regel, dafs die Farben der Helmkleinodien mit den Farben des Feldes und der Figur des Wappens übereinkommen müfsen" der Schild schwarz zu tingiren sei. Mit Rückalcht hierauf bemerkt S. D. Fürst F. K. zu HOHENLOHE-WALDENBURG in einem sehr gnädigen Schreiben vom 21. September 1870 ganz treffend: „Dafs aus den Farben des Helmschmucks und der Decken auf die Farben des Wappens selbst kein sicherer Schlufs gezogen werden kann".
In einem in der Fürstl. Fürstenbergischen Hofbibliothek (Mspt. No. 500) befindlichen Wappenbuch aus dem 17. Jahrh. steht auf fol. 265 als Wappen der Grafen VON SAARBRÜCKEN „in weifsem, mit goldenen Kreuzen besäten Felde ein blauer Löwe mit goldener Krone; Kleinod: Flug, oben weifs, unten schwarz. Helmdecken: blau-weifs". (Gefällige Mittheilung des Herrn Dr. S. RIEZLER.) Die Helmdecken sind im Mannichnbuch von Kurpfalz blau, mit gelben Kreuzchen bestreut.

2. Das Wappen der Herren von Merenberg.

GERTRUD, Erbtochter HARTRAD'S VI. von Merenberg, hinterliefs 1350, da ihre einzige Tochter jung starb [1]), ihrem Gemahl, dem Grafen JOHANN I. von Nassau-Weilburg die Herrschaft Merenberg.

Ihr Wappen auf dem Grabstein in der Kirche zu Weilburg zeigt einen Schragen, in jedem Winkel von je drei — auf ihrem Siegel von 1340 von je einem — Kreuzchen begleitet. Das Siegel ihres Grofsvaters HARTRAD VII. von 1287 hat nur den Schragen, während ein etwas späteres Siegel, wahrscheinlich das ihres Vaters, den Schragen von einer Menge liegenden Kreuzchen, und das ihrer Schwester LISE 1355 von einer Menge stehender Kreuzchen begleitet zeigt. [3])

Im nassauischen Wappen ist als Wappen von Merenberg ein gelber, von je drei gelben Kreuzchen oder Kleeblättern bewinkelter Schragen im grünen Felde [4]) aufgenommen worden, und erscheint hierzu als Helmschmuck ein rautenförmiges, mit rothen Quasten verziertes, im übrigen wie der Schild gezeichnetes Schirmbrett. [5])

3. Das Wappen der Herren von Heinsberg, der Grafen von Sponheim und der Herren von Diest.

(Stammtafel 4.)

Die Herrschaft Heinsberg war nach dem Tode GOTTFRIED'S I. von Heinsberg 1193 an Cleve gefallen und kam 1228 durch Heirath an den Grafen HEINRICH von Sponheim, dessen Nachkommen sich Grafen von Heinsberg nannten. Der Letzte dieses Stammes JOHANN IV. — † 1448 — war vermählt mit JOHANNA, Erbtochter des letzten Herren von Diest. Sie hinterliefs ihrer Tochter JOHANNA, welche 1446 den Grafen JOHANN II. von Nassau-Saarbrücken geheirathet hatte, aufser der Herrschaft Diest auch die von ihrem Grofsvater 1398 durch Kauf erworbene Herrschaft Sichem.

[1]) Kurz vor oder nach der Mutter.
[2]) Genealogie von DORSEN.
[3]) In der Teutschordens-Deduction — Urkunde 146 — finde ich auf den Siegeln des HARTRAD VON MERENBERG und seiner Gemahlin LYSA 1313 den Schragen in jedem Winkel von einer vierblätterigen Blüthe begleitet.
[4]) Nach einer Zeichnung des Oberkellers (Rentmeister) zu Kirchheim BARTHELL KOLB von 1605 (WEILBURG fasc. 1—37, No. 191) so wie in einem Wappen an der Decke des früheren Empfangssaales im Schlofs zu Idstein und in einigen gemalten Wappen im Archiv daselbst ist das Feld blau. Geh. Rath KREMER (WEILBURG fasc. II. ad 59) meint, wenn auch die ursprüngliche Farbe blau gewesen sein möge, so habe doch der Usus die grüne Farbe legitimirt.
[5]) Das der Gräfin VON MERENBERG, Gemahlin S. D. des Prinzen NICOLAUS VON NASSAU, vom Fürsten VON WALDECK am 29. Juli 1868 verliehene Wappen zeigt im blauen Felde den gelben Schragen, von je drei gelben Kreuzchen bewinkelt, deren drei obersten Arme in Kugeln enden. (Gefällige Mittheilung des Herrn Prem.-Lieut. GRITZNER auf Grund amtlicher Recherche.)

Die Herren von Heinsberg führten in roth einen weißen Löwen.¹)
Der Schild der Grafen von Sponheim war weiß und roth geschacht.²)
Die Herren von Diest führten zwei schwarze Balken im gelben Felde.
Diese Wappen wurden vereinigt in einem gespaltenen Schilde, rechts: Heinsberg, links: getheilt, oben: Sponheim, unten: Diest.

4. Das Wappen der Grafen von Moers-Saarwerden und der Herren von Geroldseck-Lahr und Mahlberg.

(Stammtafel 5.)

Des letzten Grafen von Saarwerden, HEINRICH — † 1397 — Tochter WALBURGA heirathete den Grafen FRIEDRICH III. von Moers und hinterließ die Grafschaft Saarwerden ihrem zweiten Sohne JOHANN, welcher Stammvater der Grafen von Moers-Saarwerden wurde.

Im Jahre 1426 belehnte ihn Kaiser SIEGISMUND mit den Herrschaften Lahr und Mahlberg, welche er durch seine Gemahlin ADELHEID, Erbtochter HEINRICH'S III. von Geroldseck-Lahr erworben hatte.³)

Die Herrschaft Mahlberg war um die Mitte des 13. Jahrhunderts durch das letzte Fräulein dieses Geschlechts, EILICKE an deren Gemahl WALTHER I. von Geroldseck gefallen. Wahrscheinlich kam durch diese Heirath auch die Herrschaft Lahr in Besitz des Hauses Geroldseck, doch ist Urkundliches hierüber nicht aufzufinden gewesen. WALTHER's und EILICKE's Sohn HERMANN — † 1262 — gründete die Linie zu Geroldseck, Lahr, wozu auch Mahlberg gehörte. Als dieselbe 1426 im Mannesstamm erlosch, fielen die Herrschaften Lahr und Mahlberg, wie wir oben gesehen haben, an den Grafen JOHANN I. von Moers-Saarwerden.

Sein Sohn JACOB I. verkaufte die ungetheilte Hälfte dieser beiden Herrschaften 1442 an den Markgrafen JACOB I. von Baden.⁴) Von des Grafen JACOB I. von Moers-Saarwerden Söhnen war JOHANN III. 1507 ohne männliche Erben gestorben und hatte seine Besitzungen seinem Bruder JACOB II. hinterlassen. Da dieser kinderlos war, so nahm er den Grafen JOHANN LUDWIG von Nassau-Saarbrücken, welcher mit der einzigen Tochter seines Bruders JOHANN III. vermählt war, in die Gemeinschaft seiner Lande. Kaiser MAXIMILIAN I. gab hierzu im Jahre 1514 seine Zustimmung⁵) und versprach — 1518 — dem Grafen JOHANN LUDWIG sämmtliche Güter des Grafen JACOB, wenn dieser ohne männliche Leibeserben sterben sollte, zu verleihen.⁶) Als ein solcher Leibeserbe aber in dem Grafen JOHANN JACOB geboren wurde, belieh Kaiser CARL V. — 1521 — mit diesen Landen den Grafen JOHANN LUDWIG von Nassau für sich und als Vormund des minder-

---

¹) In ANDREAE General. Buch IV. pag. 85 gekrönt.
²) Diese Farben führte die jüngere Linie; die ältere hatte gelb-blau.
³) Fragm. Gesch. Urk. 55.
⁴) ib. Urk. 71.
⁵) ib. Urk. 113. 114.
⁶) ib. Urk. 117.

jährigen Grafen JOHANN JACOB von Saarwerden.¹) Als Letzterer 1527 starb, blieb der Graf von Nassau im alleinigen Besitz von Saarwerden und in Bezug auf Lahr und Mahlberg in Gemeinschaft mit dem Markgräflichen Hause Baden. ²) Er und seine Nachkommen wurden von Fall zu Fall hiermit belehnt, trotzdem 1532 die Gebrüder GANGOLF II. und WALTHER VI. von Hohengeroldseck Ansprüche an Lahr und Mahlberg erhoben und dieserhalb den Rechtsweg beschritten.

Inzwischen schenkte der kinderlose Graf JOHANN IV. von Nassau-Saarbrücken 1571 bei Lebzeiten und in Bekräftigung seines Testaments seinen Vettern und nächsten Agnaten ALBRECHT und PHILIPP von Nassau-Saarbrücken die Grafschaft Saarwerden und beide Herrschaften Lahr und Mahlberg neben deren Titel und Wappen. ³)

Als auf Grund ihrer Ansprüche die Herren von Hohengeroldseck 1595 ein obsiegliches Urtheil erstritten, ⁴) blieb der Graf von Nassau dennoch, indem er hiergegen das Rechtsmittel der Revision ergriff, im Besitz von Lahr und Mahlberg, und wurde dieser Zustand durch den Vergleich bestätigt, den am 3. August 1625 JACOB Herr zu Geroldseck und LUDWIG II. Graf zu Nassau dahin schlossen, dafs Ersterer auf alle seine Ansprüche verzichtete, Letzterer aber jenem hunderttausend Gulden zu entrichten versprach. ⁵)

Dieses Grafen von Nassau Söhne wurden demgemäfs nach ihres Vaters Tode von Kaiser Ferdinand II. — 1629 — mit Lahr und Mahlberg belehnt⁶); sie theilten aber ihre mit Baden gemeinsamen Rechte am 12. October desselben Jahres derartig, dafs Baden Mahlberg, Nassau Lahr erhielt. Doch solle „dieser Abtheilung ohngeachtet, jedem unter beyden fürstlichen und gräflichen Theilen sich wie bisher des Titulis und Wappen beyder Herrschaften Lahr und Mahlberg zu gebrauchen unbenommen, sondern hiemit vorbehalten seyn und bleiben."⁷)

Da aber nassauischerseits weder die versprochenen Vergleichsgelder nebst deren Zinsen, noch auch weitere, aus einem neuen Vergleich vom 6. Juli 1634 herrührenden Ansprüche gezahlt, und diese Forderungen durch die Tochter des letzten Herrn von Hohengeroldseck auf den Markgrafen Friedrich von Baden-Durlach übergegangen waren, so ermäfsigte dieser zwar — 1652 — die schuldige Summe auf hundert- und dreifsigtausend Gulden, nahm aber die Herrschaft Lahr als Unterpfand in Besitz⁸). Diese wurde 1726 wieder ausgelöst, und blieb Nassau nunmehr in dem ruhigen Besitz derselben, bis sie 1803 gegen die Grafschaft Sayn-Altenkirchen an Preufsen vertauscht wurde. ⁹)

Die Grafen VON MOERS führten im gelben Felde einen schwarzen Balken und als Helmschmuck einen gelben Windspielrumpf mit schwarzem, weifs eingefafsten Halsband.¹⁰) Als Moers und Saarwerden vereinigt wurde, wurde der Schild viertheilig, im 1. und 4. Felde blieb der Balken, und kam im 2. und 3. Felde das Wappen der Grafen VON SAARWERDEN — im schwarzen Felde ein weifser Doppeladler¹¹) — hinzu. So sind die

¹) Ib. Urk. 118.
²) Ib. p 180.
³) Ib. Urk. 152.
⁴) Ib. Urk. 167.
⁵) Ib. Urk. 180.
⁶) Ib. Urk. 181.
⁷) Ib. Urk. 182.
⁸) Ib. Urk. 190.
⁹) WEIDENBACH pag. 205.
¹⁰) GRÜNENBERG Lief. 20 LXXVIII; Hund schwarz, Halsband gelb, Decken: schwarz-gelb.
¹¹) BALDUINEUM fol. 6, 1, 6. — GRÜNENBERG l. c. giebt dem Adler rothe Waffen, während ich sie sonst gelb tingirt fand

Wappen, einfach und zusammengesetzt, in dem alten Cölnischen Vasallenbuche eingetragen.[1]) Der Saarwerder Helm ist ein weifser Bischofshut mit schwarzem Federbusch.[2])

Ob die alten Herren VON LAHR ein Wappen geführt haben, ist nicht zu ermitteln gewesen. Der gewöhnlich als solches bezeichnete Schild — ein rother Balken im gelben Felde — ist nicht das Wappen von Lahr, sondern das Stammwappen der Herren VON GEROLDSECK, welches beide Linien — die zu Lahr sowohl als die zu Hohengeroldseck — gemeinsam führten. Sie unterschieden sich aber durch den Helmschmuck, und zwar behielten die Herren zu Lahr den väterlichen Helm WALTHER'S I. VON GEROLDSECK[3]) bei, nämlich den rothen Jünglingsrumpf mit gelbem Kragen und Umschlag an der rothen Mütze, und statt der Arme rothe, mit gelben Binden umwundene Hörner.[4])

ELICKE VON Mahlberg führte im Schilde einen ungekrönten Löwen, auf dem Helme einen Schwanenhals. Wir finden später den schwarzen Löwen roth gekrönt[5]) im gelben[6]) Felde, und als Helmschmuck ein sechseckiges Schirmbrett mit dem Löwen.

Das Wappen des Grafen JACOB II. vom Jahre 1514 im Stift zu Lahr am Fenster bei dem Glockenthurm[7]) zeigt die vereinigten Wappen: I. und IV. Moers, II. und III. Saarwerden, Mittelschild gespalten I. Geroldseck, II. Mahlberg.

5. Das Wappen der Grafen von Weilnau.

Die Grafen VON WEILNAU starben um die Mitte des 15. Jahrhunderts aus. Der letzte dieses Stammes, Graf HEINRICH III. verkaufte 1405 die Herrschaft Neu-Weilnau[8]) an den Grafen PHILIPP I. von Nassau-Saarbrücken.[9])

Die Grafen von Weilnau führten als Stammverwandte der Grafen VON DIETZ dasselbe Wappen, jedoch mit gewechselten Tincturen, nämlich im gelben Felde zwei über einander schreitende rothe Leoparden[10]) und auf dem Helme einen schwarzen Flug, belegt mit einer gelben Scheibe, in welcher die rothen Leoparden.

---

[1]) FAHNE, Cöln Gesch. I, 191. — Bocholtz II, 61. ANDREAE legt seinem General. Buch VII ad pag. 40 eine sehr schöne aus dem Anfang des 16. Jahrh. stammende Zeichnung dieses Wappens bei. Die Helmdecken sind schwarz-gelb-roth tingirt. Der Hund trägt statt des Halsbandes eine rothe Krone. Da ich diesen Schmuck öfter finde, so vermuthe ich, dafs die Krone allmählich heruntergerutscht, bis sie schliefslich den Helm krönte. Eine andere Erklärung für den Umstand, dafs im nassauischen Wappen nur der Helm von Mörs gekrönt vorkommt, habe ich nicht finden können.

[2]) GRÜNENBERG Lief. 20. LXXVIII.

[3]) Sein und seiner Gemahlin Wappen befinden sich auf einem Stein in der Kirche zu Lahr.

[4]) GRÜNENBERG Lief. 14 XC. b. hat drei Helme; in der Mitte des Jünglings ohne Mütze, aber mit gelben Haaren; rechts: Gelber Flug mit rothem Balken; Links: Gekrönt, rother Köcher mit Pfauenschwanz.

[5]) FAHNE Salm I, 1. pag. 68. Die gelbe Krone im gelben Felde ist wohl ein Irrthum?

[6]) ANDREAE Gen. Buch I, p. 331 und

[7]) ib. VII. p. 77 ist das Feld von MAHLBERG weifs, der Löwe nicht gekrönt. Auch der Ober-Keller (Rentmeister) von Kirchheim BARTHELL KOLB blasonirt „Das Feld weifs."

[8]) Die Herrschaft Alt-Weilnau war im Besitz der Grafen VON DIETZ, von denen die Grafen VON WEILNAU sich im 13. Jahrhundert als jüngere Linie abzweigten, verblieben. Siehe DIETZ.

[9]) WEIDENBACH pag. 250.

[10]) Graf REINHARDT VON WEILNAU führt 1314 einen (stehenden) gekrönten Leoparden.

6. Das Wappen der Grafen von Sayn und Wittgenstein und der Herren von Homburg und Freusburg.
(Stammtafel 6.)

ADELHEID, die Wittwe des Grafen GOTTFRIED II. von Sponheim hatte nach dem Tode ihres Bruders, des Grafen HEINRICH II. von Sayn diese Grafschaft, zu welcher schon damals die Herrschaft Freusburg[1]) gehörte, — 1246 — geerbt und ihrem ältesten Sohne, dem Grafen JOHANN I. von Sponheim-Starkenburg hinterlassen. Dieser vererbte sie auf seinen jüngeren Sohn GOTTFRIED, welcher 1273 Namen und Wappen der Grafen von SAYN annahm. Ihm folgte in Sayn sein ältester Sohn JOHANNN, während dem jüngeren ENGELBERT die von seiner Mutter JUTTA von Homburg ererbte Herrschaft Homburg zufiel. ENGELBERT's Enkel SALENTIN brachte um die Mitte des 14. Jahrhunderts durch seine Heirath mit der Gräfin ELISABETH von Wittgenstein auch diese Grafschaft an sein Haus.

Die von JOHANN gestiftete ältere Linie zu Sayn erlosch im Jahre 1606 mit dem Grafen HEINRICH, und kamen deren Besitzungen durch seine Schwester ANNA ELISABETH, welche mit ihrem Vetter, dem Grafen WILHELM von SAYN-WITTGENSTEIN vermählt war, an die jüngere Linie. Dieser hatte zwei Brüder, GEORG und LUDWIG. Ersterer stiftete die Linie SAYN-WITTGENSTEIN-BERLEBURG, welche die Herrschaft Homburg erbte, Letzterer die Linie SAYN-WITTGENSTEIN-HOHENSTEIN. Des Grafen WILHELM VON SAYN-WITTGENSTEIN Sohn ERNST hinterliefs — 1632 — aufser einem Sohne LUDWIG, der 1636 kinderlos starb, zwei Töchter, welche die Grafschaft Sayn theilten; und zwar erhielt die jüngere JOHANNA, welche mit JOHANN GEORG Herzog von Sachsen-Eisenach vermählt war, Sayn-Altenkirchen (mit Freusburg), während der älteren ERNESTINE Sayn-Hachenburg zufiel. Diese hinterliefs aus ihrer Ehe mit dem Grafen SALENTIN ERNST VON MANDERSCHEID 1705 eine Tochter MAGDALENE CHRISTINE, welche mit dem Burggrafen GEORG LUDWIG von Kirchberg — † 1686 — vermählt war und Sayn-Hachenburg ihrem Sohne GEORG FRIEDRICH vererbte, dessen Urenkelin LUISE diese Grafschaft 1799 ihrem Gemahl, dem Fürsten FRIEDRICH WILHELM von Nassau-Weilburg in die Ehe brachte.

Das Wappen der Grafen von Sayn ist ein gelber Leopard im rothen Felde.[2])

Die Herren von Homburg führten in roth eine weisse Burg.

Das Freusburger Wappen zeigt im schwarzen Felde einen weifsen Schrägbalken, der mit drei schwarzen Eberköpfen belegt ist.[3])

Die Grafen von Wittgenstein führten zwei schwarze Pfäle in weifs.[4])

Nach Vereinigung der beiden Linien zu Sayn und zu Homburg wurde das Wappen geviert: I. und IV. Wittgenstein; II. Homburg; III. Freusburg; Mittelschild Sayn.[5])

---

[1]) FAHNE, Salm I. 2. pag. 98.

[2]) So im Baldaineum fol. 7. 2. Auf mittelalterlichen Siegeln finde ich stets den ungekrönten Leoparden oder Löwen, nur 1340 auf dem Siegel des Grafen GOTTFRIED einen gekrönten Leoparden und 1324 auf dem Siegel des Grafen ENGELBERT einen gekrönten Löwen. Auch LEDEBUR bemerkt p. 117. dafs auf Siegeln im Archiv zu Coblenz aus dem 13. und 14 Jahrh. sowohl Löwen als Leoparden, mit und ohne Krone vorkommen. Im Manniebabuch von Kurpfalz steht ein nicht gekrönter Löwe als Saynsches Wappen.

[3]) Die Wappen von Homburg und Freusburg finde ich auf mittelalterlichen Saynschen Siegeln nicht.

[4]) Graf JOHANN I. von Sayn-Wittgenstein führt 1302 Sayn und Wittgenstein geviertet. So steht das Wappen auch in GRUENENBERG, Lief. 5. L.XIII, wo der Leopard nicht gekrönt ist, während er (b. Lief. 4 L.XXXVII) eine blaue Krone trägt.

[5]) IMHOF Tab. 13.

7. Das Wappen des Erzstifts Cöln.

Durch den Reichsdeputationshauptschluſs erhielt Nassau-Usingen einen bedeutenden Theil von den rechtsrheinischen Besitzungen[1] des ehemaligen Kurfürstenthums Cöln, dessen Wappen ein schwarzes Kreuz im weissen Schilde war.

8. Das Wappen des Erzstifts Trier.

Nassau-Weilburg wurde 1803 für die verlorenen linksrheinischen Besitzungen vorzugsweise mit den auf dem rechten Ufer des Rheines gelegenen Gebietstheilen des ehemaligen Kurfürstenthums Trier entschädigt.[2]

Das Wappen dieses Erzstifts ist ein rothes Kreuz im weißen Felde.

9. Das Wappen der Pfalzgrafen bei Rhein.

Der Kurfürst, Pfalzgraf bei Rhein muſste das 1277 durch Kauf an seine Vorfahren gelangte Unteramt Caub 1803 an Nassau-Usingen abtreten.[3]

Das Stammwappen der Pfalzgrafen ist ein roth gekrönter gelber Löwe im schwarzen Felde.[4]

10. Das Wappen der Herren von Eppstein und der Grafen von Königstein.

Nach dem Aussterben der ältesten Grafen von Königstein kam diese Grafschaft gegen das Ende des 13. Jahrhunderts durch Heirath und Erbschaft an die Herren von Falkenstein, nach deren baldigem Erlöschen 1433 ein Drittel von Königstein an die Herren von Eppstein fiel. Nach dem Tode des letzten Grafen von Königstein aus dem Hause Eppstein ging die Grafschaft Königstein nebst der Hälfte von Eppstein 1535 zwar an seinen Neffen, den Grafen LUDWIG von Stolberg über, jedoch bemächtigte sich Kurfürst DANIEL von Mainz 1581 und durch Vergleich 1590 des gröſseren Theiles dieser

[1] WEIDENBACH pag. 289.
[2] WEIDENBACH pag. 293.
[3] WEIDENBACH pag. 288.
[4] Auf Siegeln aus dem 13. und 14. Jahrhundert finde ich den Löwen ohne Krone, im Mannlehnbuch von Kurpfalz aber mit der ruhen Krone, ebenso bei GRÜNENBERG I.lef. 12. V.

Erbschaft. Dieser kurmainzische Antheil fiel 1803 an Nassau-Usingen, ebenso die vom letzten Grafen von Eppstein 1492 an Hessen verkaufte Hälfte von Eppstein.¹)

Die Grafen von Königstein führten einen schwarzen Löwen im gelben, die Herren von Eppstein drei rothe Sparren im weifsen Felde.²)

11. Das Wappen der Burggrafen von Hammerstein.

Die Burggrafschaft Hammerstein, ursprünglich reichsunmittelbarer Besitz des sich nach derselben nennenden uralten Geschlechts, war noch vor dem Erlöschen desselben von Kaiser CARL IV. im Jahre 1374 dem Erzstift Trier, dessen Lehnsleute und Erbbannerherren die Burggrafen nunmehr wurden, geschenkt worden. Sie kam 1803 an Nassau-Weilburg.³)

Die ältere 1398 erloschene Linie der Burggrafen von Hammerstein führte drei rothe Hämmer im gelben, die jüngere Linie, welche 1410 ausstarb, drei weifse Hämmer im rothen Schilde.⁴) Für das nassauische Wappen wurden drei weifse Hämmer im blauen Felde beliebt.

12. Das Wappen der Herren von Limburg.

GERLACH VI. von Limburg verkaufte seine Herrschaft 1414 an Trier, von dem dieselbe 1803 mit den rechtsrheinischen Besitzungen an Nassau-Weilburg kam.

Die Herren von Limburg führten im blauen, mit weifsen Schindeln⁵) bestreuten Felde einen in zwei Reihen weifs und roth geschachten Balken.⁶)

13. Das Wappen der Grafen von Vianden (Perweys).

(Stammtafel 7.)

WILHELM, jüngster Sohn des Herzogs GOTTFRIED VII. von Nieder-Lothringen — † 1186 — nannte sich Herr von Perweys. Seine Enkelin MARIA heirathete den Grafen PHILIPP I. von Vianden, und nahm deren Sohn GOTTFRIED I. 1288 an Stelle des väter-

---

¹) WOLFF pag. 274. WEIDENBACH pag. 286 und 288.
²) GRÜNENBERG Lief. 15. CXXVII. In den Siegeln der Herren VON EPPSTEIN ist der obere Sparren stets abgestumpft, so dafs der mittlere fast — auf dem Siegel EBERHARD's I. von 1371 ganz — bis an den oberen Schildesrand reicht. Uebrigens kommt der Schild wiederholt — so auch im Manesebuch vom Kurpfalz und im Reichsheerum fol. 14 und 15 — fünfmal gesparrt von weifs und roth vor.
³) WEIDENBACH pag. 296.
⁴) FAHNE, Cölnische Geschlechter I, 132. II, 54. GRÜNENBERG Lief. 10. LXXXV malt in roth drei weifse Hämmer mit gelben Stielen.
⁵) Die Zahl der Schindeln ist unbestimmt, in den alten Siegeln aber so angeordnet, dafs das Feld durch dieselben möglichst ausgefüllt wird. GERLACH IV. führte 1336 und 1286 oben 4, unten 2.1, der Form seines Dreieckschildes entsprechend. GERLACH V. 1341 in dem unten mehr rund geformten Schilde über dem Balken 4.3 unter demselben 3.2 — GERLACH VI. 1356 oben 3.2 unten 3.2 — KUNIGUNDE 1321 in dem sehr langen Dreieckschilde oben 5.4, unten 3.2.1. In dem Siegel GERLACH'S V. sind die Schindeln so gestellt, dafs man versucht wäre, das Feld als ein Schachbrett anzusprechen.

ANDREAE I. pag. 43 stellt die Schindeln oben: 4.3 unten 3.2.1 und tingirt sie gelb, den Balken roth- weifs.
⁶) So ist der Schild im Baldninorum fol. 8, 2 tingirt.

lichen Wappens das mütterliche von Perweys an. Sein Sohn GOTTFRIED II. hinterließ zwei Töchter,¹) von welchen die ältere, MARIA, nach ihres Onkels HEINRICH II. Tode — 1351 — die Grafschaft Vianden an ihren Gemahl, den Grafen SIMON von Sponheim brachte. Die jüngere, ADELHEID, heirathete den Grafen OTTO II. von Nassau-Dillenburg, und erbte ihr Enkel ENGELBERT I. laut Vermächtniß seiner Cousine, des eben genannten Grafen von Sponheim Tochter ELISABETH, der Wittwe des Pfalzgrafen RUPRECHT II. 1420 die Grafschaft Vianden.

Die Grafen von Vianden führten den Schild von Perweys: „In Roth einen weißen Balken."²)

14. Das Wappen der Grafen von Dietz.
(Stammtafel 8.)

GERHARD VII. der letzte Graf von Dietz — † 1388 — erwirkte im Jahre 1384 die Belehnung des Grafen ADOLF von Nassau-Dillenburg, Gemahls seiner ältesten Tochter JUTTA mit der Grafschaft Dietz.³)

Als nach ADOLF's Tode — 1420 — sowohl sein Schwiegersohn GOTTFRIED VIII. von Eppstein, als sein Bruder Graf ENGELBERT I. von Nassau, dem die Grafschaft Dietz verpfändet war, dieselbe beanspruchten, schloß der Erzbischof von Trier zwischen beiden einen Vergleich, nach welchem sie die Grafschaft zu gleichen Theilen besitzen sollten.⁴) GOTTFRIED's Sohn, GOTTFRIED IX. von Eppstein vermachte aber schon 1453 ein Viertel an Graf PHILIPP von Catzenelnbogen⁵) und sein Sohn GOTTFRIED X. hinterließ das andere Viertel seinem Vetter, dem Grafen EBERHARD IV. von Eppstein-Königstein.⁶) Beide Viertel fielen aber mit der Hälfte, welche ENGELBERT I. von Nassau erworben hatte, seinen Nachkommen zu, und zwar das an Catzenelnbogen verkaufte Viertel seinem Enkel JOHANN V. durch Heirath,⁷) das andere 1530 durch Kauf seinem Urenkel WILHELM dem älteren.⁸) Doch mußte Nassau 1564 einen Theil an Kur-Trier abtreten. Diesen erhielt 1803 Nassau-Weilburg, welches bereits 1565 resp. 1631 die ehemals den Grafen von Dietz gehörige Herrschaft Alt-Weilnau durch Kauf und Tausch erworben hatte.⁹)

¹) ARNOLDI II. 118 vertheidigt die Ansicht, daß sie die Töchter HEINRICH's II. gewesen seien.
²) Leider habe ich keine Siegel der Grafen von Vianden, weder vor noch nach 1288 erlangen können. Eine bez. Anfrage bei dem Großherz. Regierungs-Archiv in Luxemburg, wo am ehesten Urkunden dieser Grafen vorhanden sein dürften, ist unbeantwortet geblieben. Es ist dieses um so mehr zu bedauern, weil die Frage, ob der Helm des Ottonischen Stammes von Vianden stamme — (siehe Stammwappen) — durch ein solches Siegel wahrscheinlich hätte gelöst werden können.
³) WENCK I pag. 559.
⁴) WENCK I pag. 561.
⁵) WENCK I Urk. CCCXLI.
⁶) WENCK I pag. 562.
⁷) Siehe Catzenelnbogen
⁸) WENCK I pag. 1530.
⁹) WEIDENBACH pag. 206.

Die Grafen von Dietz führten im rothen Felde zwei übereinander schreitende gelbe Leoparden[1]) und als Helmschmuck einen schwarzen Flug, der mit einer runden Scheibe belegt ist, auf welcher in roth die gelben Leoparden sich zeigen.

15. Das Wappen der Grafen von Catzenelnbogen.

(Stammtafel 9.)

Nach dem Tode PHILIPP's, des letzten Grafen von Catzenelnbogen — † 1479 — fiel diese Grafschaft als Erbtheil seiner Tochter ANNA, der Gemahlin HEINRICH's III. Landgrafen von Hessen-Marburg zu.

Diese hinterliefs einen Sohn WILHELM III. und zwei Töchter, von denen die ältere, ELISABETH sich 1482 mit dem Grafen JOHANN V. von Nassau-Dillenburg vermählt hatte. Als Landgraf WILHELM III. 1500 kinderlos starb, entstand über den Besitz der Grafschaft Catzenelnbogen ein langjähriger Streit zwischen Hessen und Nassau, der erst 1557 dahin beigelegt wurde, dafs Catzenelnbogen an Hessen, das Viertel der Grafschaft Dietz,[2]) welches Graf PHILIPP 1453 gekauft hatte, aber an Nassau fiel.

In Bezug auf das Wappen bestimmte § 6 dieses Vergleichs, dafs Graf WILHELM von Nassau sammt seinen Erben und Nachkommen Titel und Wappen der Grafschaft Catzenelnbogen, sowie Landgraf PHILIPP[3]) und seine Erben Titel und Wappen der Grafschaft Dietz zu führen befugt sein sollten.[4])

Einen Theil der Grafschaft Catzenelnbogen trat Hessen 1803 an Nassau-Usingen ab.[5])

Die Grafen von Catzenelnbogen führten im gelben Felde einen rothen Leoparden[6]) und auf dem Helm einen schwarzen Flug, belegt mit einer runden gelben Scheibe, in welcher der rothe Leopard erscheint.[7])

---

[1]) Ich finde auf den Siegeln der Grafen von Dietz stets Leoparden, als Löwen dargestellt. Nur einmal finde ich die Leoparden gekrönt, nämlich auf dem Schildsiegel des Grafen HEINRICH III. von 1217.
[2]) Siehe Dietz.
[3]) Der Grofsmüthige † 1567.
[4]) WENCK I pag. 640.
[5]) WEIDENBACH pag. 188.
[6]) Auf den Siegeln der Grafen VON CATZENELNBOGEN finde ich den Leoparden stets ungekrönt, namentlich deutlich auf den Siegeln der Grafen DIETHER II. 1222; DIETHER III. 1258; WILHELM I. 1330; WILHELM II. 1363. 1378 von Ali- und EBERHARD 1263, 1280; DIETHER VI. 1384; PHILIPP 1456 von Neu-CATZENELNBOGEN, also bis zum Erlöschen beider Linien. WANCK stellt denselben auf den Siegeltafeln zum I. Bande auch als Löwen dar; doch scheint mir dieses, obwohl viele Siegel zu klein und undeutlich sind, um den Unterschied genau erkennen zu lassen, ein Fehler des Zeichners zu sein. Im Manalebnbuch von Kurpfalz trägt der Leopard eine blaue Krone, ebenso im ANDRFAK'schen Gen. Buch I. p. 38 im Schilde, während er hier auf dem Helme ungekrönt erscheint.
[7]) GRÜNENBERG Liel. 4 LXXVI giebt zwei Helme; rechts: Weifser Flug belegt mit der Scheibe, in welcher der Leopard schreitend; links: Schwarzer Flug belegt mit leerer Scheibe. (Vielleicht der Helm von Dietz?) Helmdecken: Rechts: Roth-weifs; links: Schwarz-weifs. Er krönt den Leoparden weder im Schilde noch auf dem Helm.

18. Das Wappen der Grafen von Châlon, Oranien und Genf.
(Stammtafel 10.)

Die Grafschaft Châlon war nach dem Tode HUGO's II. 1075 durch dessen Schwester ADELHEID an ihren Gemahl WILHELM VON Thiers gefallen. Sein Urenkel WILHELM II. hinterliefs 1203 nur eine Tochter BEATRIX, welche mit dem Grafen STEPHAN III. VON Auxonne vermählt war. Ihr Sohn JOHANN der Weise nahm 1213 Namen und Wappen von Châlon an, vertauschte aber die Herrschaft 1237 an den Herzog VON BURGUND. Sein Sohn JOHANN I. der Jüngere — († 1315) — war Stifter der Linie Châlon-Arlai und Stammvater JOHANN'S III., welcher durch seine Gemahlin MARIA VON BAUX das Fürstenthum Oranien und Ansprüche auf die Grafschaft Genf erwarb.

Die Grafschaft Oranien brachte ADELHEID, REINBOLD's II., des letzten Grafen VON ORANIEN Tochter 1121 ihrem Gemahl WILHELM I. von Montpellier in die Ehe, dessen Kinder WILHELM II. und TIBURTIA dieselbe theilten. Letztere heirathete BERTRAM VON BAUX — († 1181) — dessen Enkel WILHELM V. und RAIMUND I. die ihrer Grofsmutter zugefallene Hälfte wiederum theilten. RAIMUND's I. Sohn BERTRAM III. aber erwarb nicht nur das Viertel von seinem Vetter BERTRAM II. VON BAUX, sondern auch die andere inzwischen durch Schenkung an den Johanniter-Orden gekommene Hälfte. Somit war die ganze Grafschaft 1307 wiederum in einem Besitz vereinigt. BERTRAM's III. Enkel RAIMUND IV., hinterliefs 1393 aus seiner Ehe mit der Gräfin JOHANNA VON GENF zwei Töchter, von denen MARIA, die Erbin von Oranien, den Grafen JOHANN III. VON Châlon heirathete.

Eben genannte JOHANNA VON Genf, des (letzten) Grafen AMADEUS III. VON GENF, Tochter, erhob nach dem Tode ihrer Brüder 1394 Ansprüche an diese Grafschaft, welche thatsächlich in den Besitz von HUMBERT VON VILLARS, dem Gemahl ihrer Schwester MARIA, und durch dessen Oheim und Erbe 1401 an Savoyen gelangt war. Diese Ansprüche übertrug sie durch ihre Tochter MARIA auf deren Gemahl, den mehrerwähnten JOHANN III. VON Châlon, welcher auch in einem Vergleich, den er 1406 über andere Streitigkeiten mit dem Hause Savoyen schlofs, ausdrücklich seine Ansprüche auf die Grafschaft Genf aufrecht erhielt und deshalb auch das Wappen von Genf führte.[1]) In seinem Testament vom 31. October 1417 bestimmte er aufserdem, dafs der jedesmalige Fürst von Oranien auch Namen und Wappen von Châlon führen solle.[2])

Seines Urenkels Sohn PHILIBERT — († 1530) — setzte, da er keine Leibeserben hatte, durch letztwillige Verfügung vom 3. Mai 1520[2]) seiner Schwester CLAUDIA, Gemahlin des Grafen HEINRICH III. von Nassau-Breda, Sohn RENAT'S zum Erben ein.

1. Die Grafen von Châlon führten im rothen Felde einen gelben Schrägbalken auf dem Helm einen gelb- und roth-getheilten Flug.
2. Die Grafen von Oranien führten im gelben Felde ein blaues Jagdhorn mit weifsem Beschlag, rother Mündung und Fesselung, auf dem gekrönten Helm ein gelbes[3]) Hirschgeweih.

---

[1]) ARNOLD III. 937.
[2]) CHRISTIJN I. 130.
[3]) GRÜNENBERG I.IX. b. Liefer. 12: weifs, während er Liefer. 11. I.IX. b. dem Herzog von Oranien im weifsen Schilde ein schwarzes Horn am gelben Bande giebt, welches auf dem Helm an einem Pfauenwedel hängt.

3. Die Grafen von Genf führten den Schild von Gelb und Blau ¹) neunfach geschacht.

Das vereinigte Wappen war ein gevierter Schild I. und IV. Châlon, II. und III. Oranien mit einem Mittelschilde Genf. ²)

---

17. Die Wappen der Herzöge von Bretagne und von Luxemburg.

PHILIBERT von Châlon-Oranien führte in seinem Schilde neben dem väterlichen (I. und IV.) auch die Wappen seiner Mutter — Luxemburg — (Herzschild) und seiner Grofsmutter — Bretagne — (II. und III.). ³)

Die Herzöge von Bretagne führten einen Schild von Hermelin, die Herzöge von Luxemburg einen rothen Löwen mit gelber Krone und Krallen und blauer Zunge im weifsen Felde. ⁴)

18. Das Wappen der Herren von Büren.
(Stammtafel 11.)

JOHANN von Büren hinterliefs 1470 eine einzige Tochter ELISABETH, welche mit GERHARD von Culenburg vermählt war und auf ihre Tochter ADELHEID, Gemahlin des Grafen FRIEDRICH von Egmond, die Herrschaft Büren vererbte. Seines Enkels MAXIMILIAN einzige Tochter ANNA brachte ihrem Gemahl WILHELM I. Fürsten von Nassau-Oranien 1551 die Herrschaft Büren in die Ehe.

Die Herren von Büren führten im rothen Felde einen weifsen Wechselzinnenbalken.

19. Das Wappen der Herren von Borsselen (Veere).

Veere oder Ter Veer, ursprünglich ein Fischerdorf auf der seeländischen Insel Walcheren, kam 1286 durch Kauf in den Besitz der Herren von Borsselen, von denen es an die Grafen von Bossu gelangte. Kaiser CARL V. erhob das inzwischen zu einer nicht unbedeutenden Stadt herangewachsene Veere im Jahre 1552 zu einem Marquisat, als welches es 1581 WILHELM I. von Nassau-Oranien käuflich erwarb. ⁵)

Das Wappen von Veere ist ein weifser Balken im schwarzen Felde, mithin das Wappen der Herren von Borsselen.

---

¹) Ibid. Blau und Silber.
²) CHIFFLET giebt dem Fürsten PHILIBERT von Châlon und seinem Neffen RENATUS hierzu nur einen Helm, und zwar den von Oranien, und tingirt die Helmdecken gelb-roth. LXIV. CXXXVIII. CLXXXVII.
³) CHIFFLET CXXXVIII.
⁴) CHIFFLET X. — Im BALDUINEUM fol. 37. ist der Schild zwanzig mal weifs und blau getheilt.
⁵) Das Wappen kann sich aber auch nach der auf Stammtafel 11 angedeuteten Weise vererbt haben.

20. Das Wappen der Herzöge von Sachsen.

ANNA, des Kurfürsten MORITZ von Sachsen — † 1553 — Tochter wurde 1561 die zweite Gemahlin WILHELM'S I. von Nassau-Oranien. Ihr Sohn, der später so berühmt gewordene Statthalter der Niederlande, MORITZ, nahm seiner Mutter Wappen an.

Diese führte in einem von schwarz und gelb mehrfach¹) getheilten Schilde den bekannten Rautenkranz.

21. Das Wappen der Könige von England, Frankreich, Irland und Schottland.

(Stammtafel 12.)

Nach dem Tode König CARL'S IV. von Frankreich nahm seiner Schwester Sohn, König EDUARD III. von England zum Zeichen seiner Ansprüche auf des Oheims Thron 1328 Titel und Wappen eines Königs von Frankreich an. Dieses vereinigte Wappen von England und Frankreich vererbte sich nach dem Kriege der weifsen und der rothen Rose auf das Haus Tudor, aus welchem HEINRICH VII. 1485 den englischen Thron bestieg. Als sein Sohn HEINRICH VIII. sich 1542 durch das Parlament zum König von Irland erklären liefs, nahm er auch dieses Wappen in seinem Schilde auf. Mit der englischen Krone fiel dasselbe nach dem Tode seiner Tochter ELISABETH 1603 an den Sohn der unglücklichen MARIA STUART, König JACOB VI. von Schottland, der als JACOB I. die drei Königreiche vereinigte. Nach dem Sturze seines Enkels JACOB II. bemächtigte sich derselben der Gemahl seiner Tochter MARIA, WILHELM III. von Nassau-Oranien, der als König von 1689—1702 regierte.

Das Wappen der Könige von England zeigt drei übereinander schreitende gelbe Leoparden in rothem Felde.

Die Könige von Frankreich führten ihren blauen Schild mit gelben Lilien bestreut, seit 1413 aber nur deren drei im Wappen.

Das von HEINRICH VIII. 1542 angenommene Wappen von Irland zeigt in blauem Felde eine gelbe, weifs besaitete Harfe.

Die Könige von Schottland führten im gelben Schilde einen rothen Löwen in einem rothen, nach aufsen und nach innen mit Lilien geschmückten Rahmen.

Vereinigt wurden diese Wappen in einem gevierten Schilde: I. und IV. Geviertet von Frankreich und England. II. Schottland. III. Irland.

---

¹) Dieses variirt zwischen sechs- und zehnfach, seit 1806 bestimmungsgemäfs neunfach.

22. Das Wappen der Grafen von Limburg-Styrum und von Bronckhorst sowie der Herren von Wisch und von Borkelo.

(Stammtafel 13.)

Graf GISBERT VI. von Bronckhorst erbte 1406 nach dem Tode seines Bruders FRIEDRICH I. die ihm von seinem Oheim GISBERT 1399 überkommene und von diesem nach Aussterben der alten Herren von Borkelo¹) 1367 durch Kauf erworbene Herrschaft Borkelo. Sein Urenkel JOBST, der 1553 kinderlos starb, wurde durch seiner Mutter MATHILDE, geborenen Gräfin VON SEHRENENBERG Nichte IRMGARD von Wisch beerbt. Diese war mit dem Grafen von Limburg-Styrum verheirathet, und überbrachte ihm aufser Bronckhorst und Borkelo, nachdem ihr väterliches Geschlecht im Mannesstamm erloschen war, auch die Herrschaft Wisch. Sein Enkel JOBST — † 1616 — hatte mehrere Söhne, von denen GEORG ERNST Wisch erhielt, welches dann durch seine Tochter MARIA ELISABETH, Gemahlin des Grafen HEINRICH von Nassau-Siegen — † 1652 — an die evangelische Linie dieses Zweiges fiel.

Die Grafen von Limburg-Styrum führen in weifs einen rothen Löwen, früher ohne, später mit Krone. Auf dem Helme wiederholt sich der Löwe vor einem Pfauenwedel.²)

Die Grafen von Bronckhorst führen in rothem Felde einen gekrönten weifsen Löwen und als Helmschmuck zwei schwarze Bärentatzen, die jede eine weifse Kugel halten.³)

Die Herren von Borkelo führten in roth drei gelbe Kugeln.

Die Herren von Wisch hatten zwei übereinander schreitende rothe Löwen im gelben Felde, und auf dem Helme zwei auswärts gestellte Pferdebeine, das eine roth, das andere gelb.

Vereinigt wurden die vier Wappen in einem gevierten Schilde: I. Limburg, II. Bronckhorst, III. Wisch, IV. Borkelo; mit drei Helmen, in der Mitte Wisch, rechts Limburg, links Bronckhorst.

23. Das Wappen der Grafen von Holzappel.

(Stammtafel 14.)

PETER Melander, Sohn des Landbereiters WILHELM Eppelmann zu Ober-Hadamar — 1643 Kaiserlicher Feldmarschall — wurde 1641 in den Grafenstand erhoben. Seine 1643 erkauften Besitzungen, die Esterau und die Vogtei Isselbach, erhob der Kaiser zur Reichsgrafschaft Holzappel, indem er dem Besitzer derselben gleichzeitig Sitz und Stimme im Westphälischen Reichsgrafen-Collegium verlieh. Er hinterliefs 1648 nur eine Tochter ELISABETH CHARLOTTE, — † 1707 — welche 1653 den Grafen ADOLF von Nassau-Dillenburg heirathete, durch dessen Tochter CHARLOTTE — † 1700 — Gemahlin des Fürsten

---

¹) Wegen dieses Geschlechts siehe FAHNE, Westph. Geschl.
²) Früher zwischen zwei weifsen Blumenstauden. FAHNE Westph. Geschl. p. 273.
³) Die Farben werden verschieden angegeben, doch dürften diese die richtigen sein

LEBRECHT von Anhalt-Bernburg, die Grafschaft Holzappel 1707 an das Haus Anhalt-Bernburg kam.¹)

Der Schild der Grafen von Holzappel war gevieret: I. und IV. In roth ein gelber ²) Löwe, in der Rechten einen gelben Stab haltend. II. und III. In weiſs ein rother Greif, in der Rechten eine gelbe ³) Nuſs haltend. Mittelschild: In blau zwei gekreuzte natürliche Aepfelzweige mit gelben Früchten unter einer goldenen Krone. ⁴)

24. Das Wappen der Vereinigten Niederlande.

Nachdem die vereinigten sieben niederländischen Provinzen im westphälischen Frieden als selbständiger Staat anerkannt waren, nahmen die Generalstaaten ein Wappen an, und zwar im rothen Schilde einen gekrönten gelben Löwen, der in seiner Rechten ein Schwerdt und in seiner Linken ein Bündel von sieben Pfeilen hält; ⁵) hierzu als Devise: „Concordia res parvae crescunt".

¹) BARSCH.
²) GROTE, Stammtafel: weiſs.
³) GROTE, Stammtafel: blau.
⁴) So bei BARSCH dargestellt.
⁵) Schwert und Pfeile werden gewöhnlich gelb dargestellt, ersteres aber auch weiſs mit gelbem Griff, letztere weiſs mit gelben Spitzen und Band. Zunge und Krallen des Löwen blau.

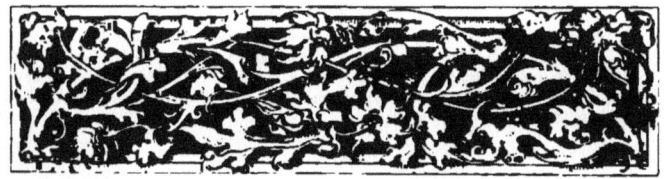

III.

Die Wappen der Grafen und Fürsten Walramischen Stammes.

1. Das Wappen der Linie zu Wiesbaden-Idstein.
1361—1605.

Die Grafen dieser Linie führten bis zu deren Erlöschen lediglich das Stammwappen.[1])

---

2. Das Wappen der Linie zu Sonnenberg.
1361—1390.

RUPERT'S, des einzigen Grafen von Nassau-Sonnenberg Siegel zeigt den nassauischen Schild ohne Helm.

---

3. Die Wappen der Linie zu Weilburg.
1391—1660.

a) Von 1361 bis 1426.

Die Grafen JOHANN I. und PHILIPP I. führten bis zum Jahre 1426 nur das Stammwappen.[2])

---

[1]) Taf. V, No. 15.
[2]) Siehe dieses.

b) Von 1426—1523.

Am 3. August 1426 ¹) vereinigte PHILIPP I. mit dem nassauischen Wappen das von seiner Mutter ererbte Wappen von Saarbrücken, indem er den Schild vierte (I. und IV. Nassau; II. und III. Saarbrücken) und auf dem Helme zwischen den Flug von Saarbrücken den Löwen ²) seines Helmes setzte. Dieses Wappen ³) führten seine Nachkommen bis auf LUDWIG I. welcher 1523 starb.

c) Von 1523—1602.

PHILIPP III. vermehrte diesen Schild mit einem Herzschild, in welchem er den von je drei Kreuzchen (oder Kleeblättern) bewinkelten Schragen, das Wappen von Merenberg, führte. Hierzu nahm er drei Helme, und zwar rechts den Helm des Stammwappens, den Löwen zwischen zwei Hörnern, in der Mitte Merenberg, ⁴) links Saarbrücken. ⁵)

Dieses Wappen führte auch sein jüngerer 1602 verstorbener Sohn PHILIPP IV. ⁶)

d) Von 1571—1660.

Als noch vor dem Erlöschen der jüngeren Linie zu Saarbrücken deren Besitzungen 1571 an den Grafen ALBRECHT von Weilburg fielen, nahm er deren Wappen an, welches seine Nachkommen bis zum Jahre 1660 unverändert führten.

---

4. Die Wappen der Linie zu Saarbrücken.
1429—1574.

Graf JOHANN II. führte 1450 wie sein Vater den gevierten Schild von Nassau-Saarbrücken mit einem Helme, auf welchem zwischen dem Flug von Saarbrücken der Nassauische Löwe erscheint. Diesen Schild belegte er später mit einem Herzschild, welcher das Wappen seiner Gemahlin JOHANNA von Heinsberg, ⁷) enthielt. ⁸) Sein Sohn JOHANN LUDWIG nahm, da seine Schwester ELISABETH das mütterliche Erbe an Jülich brachte, diesen Schild nicht in seinem Wappen auf, sondern führte nur den väterlichen Schild von Nassau-Saarbrücken, dem er aber zwei Helme, rechts Nassau, links Saarbrücken, aufsetzte. Dagegen vereinigte er — 1527 — mit demselben das Wappen seiner Gemahlin KATHARINE,

¹) Beilage 4.
²) Der Löwe erscheint auf den Siegeln dieser Linie stets ungekrönt, dagegen ist er im Manelehnbuch vom Kurpfalz 1450 mit der rothen Krone dargestellt. Die Hörner fehlen bei dieser Vereinigung natürlich weg
³) Taf. V. No. 16.
⁴) Merkwürdiger Weise erscheinen hinter dem Schirmbrett zwei Federn.
⁵) So finde ich das Wappen auf Siegeln und auf einem Steinmedaillon aus dem abgebrannten Schlosse zu Usingen, welches PHILIPP III 1351—1358 erbaute, im Museum zu Wiesbaden.
⁶) Taf. V. No. 18. Wahrscheinlich auch sein ältester Sohn ALBRECHT bis 1571. Ein Siegel aus jener Zeit habe ich aber nicht gefunden.
⁷) Siehe dieses Wappen.
⁸) So steht das Wappen im Manelehnbuch von Kurpfalz 1464, nach welchem das Wappen Taf. VI. No. 1 gezeichnet ist, und im IV. Theil der ANDRAAE'schen Gen. Bücher pag. 85 mit dem Abzeichen des „Ordre du Croissant."

Gräfin von Saarwerden. Dieses auch von seinen Söhnen [1] geführte Wappen war ein gevierter Schild: I. Nassau, II. Mörs, III. Saarwerden, IV. Saarbrücken, mit einem Herzschild: gespalten: I. Geroldseck, II. Mahlberg. [2] Drei Helme: I. Nassau, II. Mörs, III. Saarbrücken. [3]

Dieses Wappen gab Herrn GANGOLF [4] zu Hohen-Geroldseck und Sultz Veranlassung zu einer Beschwerde. Graf JOHANN LUDWIG von Nassau hatte dasselbe nämlich in dem Kloster Schuttern [5] auf einem Fenster malen lassen, wo GANGOLF es wahrscheinlich gesehen, denn er beschwert sich in einem Briefe [6] an den Grafen WILHELM von Nassau-Dillenburg darüber, dafs in der Mitte ein Geroldseck'scher Schild stehe. Da aber Graf JOHANN LUDWIG des verstorbenen Grafen von Saarwerden Schild und Helm führe, und in diesem der Schild der Grafen von Mörs stehe, welcher bis auf die Farben dem Geroldseck'schen Schilde gleiche, so habe sich wohl der Maler geirrt und statt schwarz und gelb roth und gelb gestellt. Da es „onerhört auch onerleydenlich were, das ein anderer vnser herren zu Geroltzeckh wol- vnd allthergebracht wapen fieren sollt, ist mein freundlich pitt zu erhaltung guter freuntschafft vnd vermeydung vnruw, meinen Vettern Graff JOHANN LUDWIGEN dahin zu weysen, das Er sich furohin des wapenns geroltzeckh zu fueren muessige". JOHANN LUDWIG antwortet hierauf am 1. Mai 1544 [7] dem Grafen WILHELM von Dillenburg, er habe das Wappen im Kloster Schuttern nie gesehen, dasselbe habe der vorige Abt CONRAD FRICKEN machen lassen. Er führe das Wappen, wie es JOHANN Graf zu Mörs und Saarwerden, Herr zu Lahr und Mahlberg, sein lieber Schwiegervater und dessen Voreltern weit über hundert Jahre geführt „wöllichs wapens ich mich devil ich der Rechten natürlich erben sampt minen kindern zu gebruchen habe. Dan ist es miner s. Gemahel eltern zu fieren recht gewefst so ist es mir von derselben wegen vnd minen Kindern glichergestalt sich dessen zu gebruchen nit onrecht." Hätte der Maler aber das Schildlein von Lahr aus Versehen nicht recht gemacht, so wolle er das „wie sich gepurt verendern".

5. Gemeinsames Wappen sämmtlicher Linien.
1660—1605.

Als um die Mitte des 17. Jahrhunderts unsere Grafen Sitz und Stimme im Reichsfürstenrathe und defswegen den Fürstenstand zu erlangen trachteten, schien ihnen das bisher geführte Wappen nicht ansehnlich genug [8]. So glaubten demselben um so mehr einige Felder und Helme hinzufügen zu sollen, als einige ihrer Territorien noch nicht darin vertreten waren. Ganz besonders interessirte sich hierfür Graf JOHANN von Idstein. Nachdem er schon 1655 eine Veränderung des Wappens bei seinen Vettern angeregt hatte, legte er ihnen am 1. August 1659 einen Wappenentwurf mit der Erklärung vor:

[1] JOHANN IV. siegelte 1568 mit dem von Nassau und Saarbrücken gevierten Schild, aber mit zwei Helmen, rechts: Nassau; links: Saarbrücken. Taf. V. No. 17.
[2] Der Herzschild kommt — irrig — noch vor: I. Mahlberg, II. Geroldseck.
[3] Taf. V. No. 21. Siegel des Grafen LUDWIG II. von 1615.
[4] GANGOLF II. † 1549.
[5] In der Ortenau; jetzt zum Grofsherz. badischen Bezirksamte Lahr gehörig.
[6] Ohne Datum. Idstein fasc. IV.
[7] Ibidem.
[8] Geh. Rath Kremer. Erbvereis Prozess. vom 7—13. Mai 1783. Weilburg fasc. II 38—97.

„Die meisten oder vornembsten Uhrsachen, warumb es vf diese weisse einzurichten gedenke, sind

Erstlichen: Weiln bishero Vnser Hausz von andern so wohl als theils aus vnserem Hausze selbst vndertrucket vnd gar vernichtet werden wollen.

Zum andern: Weiln durch Mehrenberg zwey gute Herrschafften ahn Vnser Hausz bracht, auch solche Wappen Lange Zeit geführet, hernach ohnwissent der Uhrsach auszgelassen worden, mafsen dessenthalben bereits in a° 1629 bey vorgangener Brudertheilung dessen ebenmäszige Rede beschehen, Weilnaw auch ebenmäfsig eine Grafschaft vnd nuhnmehr, nachdem Dillenburg darausz gebracht, Vnserem Hausze allein zustendig." [1])

Auch seinem Rath JOHANN GOTTFRIED KOLB in Usingen befahl Graf JOHANN seine Ansicht über diesen Entwurf zu äufsern. Dieser berichtete am 24. Januar 1660, es sei „nicht ohn", dafs zur Zeit viele Aenderungen in den Wappen vorgenommen würden, und seien die neuesten die weitläufigsten. Nassau-Saarbrücken könne sein Wappen mit den „wirklich inhabenden Grav- vnd Herrschafften vermehren an Helm vndt Schilde". Zu diesem Behufe macht er eine ganze Reihe Herrschaften namhaft, an welche Nassau-Saarbrücken „rechtmefsige pretensiones" habe. Zum Glück für das nassauische Wappen, wie hundert Jahre später, der Geh. Rath KREMER richtig bemerkt, konnte man aber einerseits von diesen zum Theil imaginairen Herrschaften keine Wappen finden, andererseits fand man es bedenklich, Wappen von Herrschaften anzunehmen, in deren Besitz andere mächtige Häuser sich befanden.

Später scheint KOLB in Erwägung gegeben zu haben, ob die Bestätigung des veränderten Wappens nicht beim Kaiser nachgesucht werden müsse, denn am 20. Februar 1660 schreibt ihm Graf JOHANN, die Grafen von Stollberg hätten beim Kaiser den Wappenbrief aus dem Grunde nachgesucht, weil die Herrschaften strittig gewesen. Dies sei aber bei Nassau-Saarbrücken nicht der Fall „sintemal alle Lande, deren Wappen wir zu führen begehren, lange iahr bey Vnserem Hausz ohndisputirlich gewesen vnd noch seind". Auch würde in keinem Archive zu finden sein, dafs ein Graf von Nassau jemals den Kaiser um eine Wappenbestätigung gebeten habe. [2])

Eine genaue Beschreibung dieses veränderten und 1660 vom ganzen Hause Nassau-Saarbrücken angenommenen Wappens [3]) finden wir bei SPENER. [4]) Es ist zweimal getheilt, die obere Reihe zweimal, die mittlere und untere einmal gespalten, mit Mittelschild: I. Saarbrücken, II. Saarwerden, III. Mörs, IV. Weilnau, Mittelschild: Nassau, V. Merenberg, VI. Geroldseck-Lahr, VII. Mahlberg. Die sieben Helme von rechts nach links: I. Merenberg, II. Mörs, [5]) III. Saarbrücken, IV. Nassau, V. Weilnau, VI. Lahr, VII. Mahlberg.

---

[1]) Weilburg fasc. I 1—37 No. 101.

[2]) Für den Grafen JOHANN und seines Raths urkundliche (?) Studien bemerkenswerth ist das P. S. dieses Briefes: „Wir erinnern Vns auch, dass das Nass. Hauptwappen vff blosses begehren eines Pfaltzgrafen zu besteutigung der nahen freundschaftt gändert vnd die beede Püffelshörner mit den steinen, zwischen welchen der Löwe sittet, geeandert worden."

[3]) Taf. VI. No. 2.

[4]) pag. 655 § XI. — Ihm wurde vom Grafen JOHANN LUDWIG VON OTTWEILER auf Veranlassung seines Raths MICHAEL CASPARI 1670 „das iizige rechte Wappen mit der Beschreibung nicht allein zugeschicket, sondern auch darbey bedeutet, wie das allererste Nassauische Wappen geführet, nachmahles geändert, vnd wegen überkommener neuer Herr- und grafschaften vermehret worden sey." CASPARI meldet seinem Herrn am 24. April Dr. SPENER würde dieses „ohn sonderbare Costen, man thät ihm denn mit einem Fafs Wein eine Verehrung," publiciren.

[5]) Sowohl im Text als „caput lupi", wie auf der Wappentafel als „Brackenrumpf" falsch.

Auf den im Jahre 1783 abgehaltenen Conferenzen wurde, um die zu schliefsende Erbeinigung beider Stämme des nassauischen Hauses auch im Wappen zum Ausdruck zu bringen, vorgeschlagen, Nassau-Dillenburg möge das Wappen von Saarbrücken, Nassau-Saarbrücken die Wappen von Catzenelnbogen und Dietz annehmen.¹) Diesem aber widersprach namentlich Nassau-Usingen unter Hinweis auf die zwischen Nassau-Dillenburg und Hessen bezüglich der Grafschaften Catzenelnbogen und Dietz bestehenden Erbverträge.²) Ebenso lehnte Saarbrücken den von Weilburg auf Grund eines — vom Geh. Rath KREMER ausgearbeiteten — Gutachtens³) gestellten Antrag auf Veränderung und Vermehrung des Wappens mit dem Bemerken ab, „dafs keine Nothwendigkeit vorhanden sei, dafs dem Wappen Saarbrückischen Stammes mehrere Besitzungen inserirt werden."⁴)

Das oben beschriebene Wappen blieb also auch nach der Erbeinigung unverändert bestehen.⁵)

¹) WEILBURG, fasc. II, 38—97.
²) Ib. No. 64.
³) Ib. ad 50.
⁴) Ib. No. 63.
⁵) O. T. VON HEFNER giebt im Neuen SIEBMACHER Band I, Taf. 90 dieses Wappen — im Schildesfufs mit einem Schilde von Dillingen vermehrt — dem Herzog von Dillingen, Fürsten von Nassau Saarbrücken. Wie der Titel, so ist wohl auch das Wappen irrig! Denn den Kindern des 1704 verstorbenen Fürsten LUDWIG zu Nassau Saarbrücken, welche derselbe mit KATHARINA VON LUDWIGSBERG aufser der Ehe erzeugt hatte, wurde, nachdem sie Kaiser JOSEPH II. 1781 legitimirt und unter dem Namen OTTWEILER in den Reichsfreiherrnstand erhoben hatte, am 27. Juli 1784 vom demselben Kaiser mit dem Reichsgrafenstand das nassauische Stammwappen, jedoch mit weifsem Löwen und weifsen Schindeln verliehen. (Freundliche Mittheilung des Herrn M. M. Edlen VON WRITTENMILLER auf Grund seiner Erhebungen in den „Reichsacten des K. K. Adelsarchivs" in Wien.) Allerdings ist es möglich, aber nicht wahrscheinlich, dafs den — übrigens in Nassau-Saarbrücken nicht succesionsfähigen — Grafen VON OTTWEILER bei seiner Erhebung in den französischen Herzogsstand mit dem Namen und Wappen von Dillingen auch das Recht zur Führung des vollen väterlichen Wappens verliehen worden wäre.

Für die Wappen anderer illegitimer Kinder aus nassauischem Blut verweise ich auf das Armorial von Rietstap und den — bisher uneditirten — Nachtrag zu demselben, sowie auf die „Notice sur les armoiries des comtes de Nassau la Lecq des Grafen Nahuijs" in „Le Héraut d'armes, Bruxelles et Utrecht 1869" mit dem Bemerken, dafs sich hierüber auch im Königl. Staatsarchiv zu Idstein interessante Acten befinden.

IV.
Die Wappen der Grafen und Fürsten Ottonischen Stammes.

1. Das Wappen der Linie zu Hadamar.
1290—1394.

Die Grafen zu Hadamar führten den nassauischen Schild ohne Helm.¹)

2. Das Wappen der Linie zu Dillenburg.
1290—1328.

JOHANN, der einzige Graf dieser Linie, führte den nassauischen Schild.

---

3. Das Wappen der Linie zu Beilstein.
1343—1561.

Die Grafen dieser Linie führten lediglich das Stammwappen.²)

¹) Nur auf einem Siegel des Grafen HEINRICH von 1309 in der ERATH'schen Sammlung No. 303 finde ich einen Helm, jedoch ohne Kleinod.
²) Siehe dieses.

4. Das Wappen der zweiten Linie zu Dillenburg.
1343—1559.

Nachdem diese Grafen bis zum Anfang des 15. Jahrhunderts das Stammwappen allein geführt hatten, vermehrte Adolf um 1430 seinen Schild, indem er denselben mit dem Wappen seiner Gemahlin Jutta von Dietz vierete.[1])

Sein Bruder Engelbert I. fügte um dieselbe Zeit seinem Schilde das Wappen von Vianden hinzu;[2]) doch führten beide nur den Helm von Nassau.

Von Engelbert's Söhnen behielt Johann IV. das väterliche Wappen bei, und zwar führte er entweder wie sein Vater den Schild gevieret, oder aber gespalten, während Heinrich II. dem von Nassau und Vianden gevierreten Schilde in einem Mittelschilde das Wappen von Dietz hinzufügte.[3])

Johann V., welcher von seinem Vater die deutschen Besitzungen erbte, vierete Nassau und Dietz und belegte diesen Schild 1481 — also noch vor dem Tode seines Bruders Engelbert II., welcher seinem Vater in Vianden gefolgt war und daher dieses Wappen mit dem Stammwappen vereinigt hatte — mit einem Mittelschilde: Vianden.[4]) Ebenso führten seine Söhne die Wappen ihrer Besitzungen, nämlich Heinrich III. als Herr in Breda: Vianden,[5]) und Wilhelm der ältere als Herr in Dillenburg: Dietz.[6])

---

5. Das Wappen der Linie von Oranien.
1530—1814.

a) 1530—1544.

Philibert von Châlon-Oranien hatte seinen Neffen Renatus von Nassau unter der Bedingung zum Erben eingesetzt, dafs er Namen und Wappen von Châlon annehmen solle. Diese Bedingung nahm Philibert zwar wieder zurück,[7]) Renatus aber erfüllte dennoch den Wunsch seines Oheims, indem er dessen Wappen annahm und die Devise: „Je maintiendrai Châlon" hinzufügte.

---

[1]) Taf. V. No. 11.
[2]) Taf. V. No. 10.
[3]) Taf. V. No. 20.
[4]) Taf. V. No. 13.
[5]) Heinrich III. soll nach seiner Vermählung mit Menzia von Mendoza, Markgräfin und Erbin von Zenetta 1524 Titel und Wappen von Zenetta angenommen haben. (Arnoldi II. 220).
[6]) Ob Wilhelm 1557 diesem Schilde noch das Wappen von Catzenelnbogen, was er vertragsmäfsig (siehe Catzenelnbogen) thun durfte, hinzufügte, habe ich wegen mangelnder Siegel nicht festzustellen können.
[7]) Arnoldi II. 240.

Er führte demgemäß den Schild geviert mit Herzschild. Letzterer ebenfalls geviert: 1. und 4. Nassau, 2. und 3. Vianden. I. und IV. geviert von Châlon und Oranien, Mittelschild Genf. II. und III. geviert von Bretagne und Luxemburg.¹)

b) 1544 — 1689.

WILHELM I., der Erbe seines Vetters RENATUS, übernahm aus dessen Wappen nur die Schilde von Vianden und Châlon-Oranien-Genf. Diese vereinigte er mit seinem väterlichen Wappen, indem er den Schild vierte: I. Nassau, II. Catzenelnbogen, III. Vianden, IV. Dietz und diesen mit einem Mittelschilde von Châlon-Oranien-Genf belegte.²) Hierzu nahm er drei Helme: Rechts Châlon, in der Mitte Oranien und links Nassau.

Seine Nachkommen vermehrten diesen Schild mit den Wappen von Büren und Veere in verschiedener Weise. Entweder führten sie in dem eben beschriebenen Schilde über dem Mittelschilde in einem kleinen Schilde das Wappen von Veere und unter demselben ebenfalls in einem kleinen Schilde das Wappen von Büren,³) oder aber sie vierten den Hauptschild und führten I. und IV. geviert: 1. Nassau, 2. Catzenelnbogen, 3. Vianden, 4. Dietz. II. und III. geviert Veere; II. und III. Châlon-Oranien-Genf.
Ueber alles als Herzschild: Büren.⁴)

Eine Ausnahme hiervon macht Fürst MORITZ — † 1627 —, welcher den Hauptschild geviert: I. und IV. wiederum geviert: 1. Nassau, 2. Catzenelnbogen, 3. Vianden, 4. Dietz. II. und III. Châlon-Oranien-Genf und über alles als Herzschild: Sachsen, das Wappen seiner Mutter, führte.⁵)

Die Fürsten von Nassau-Oranien pflegten ihren Schild mit der alten heraldischen Krone zu schmücken, indessen kommen auch Helme vor, und zwar führten sie in der Mitte den Helm von Oranien, links; Châlon, rechts Dietz.⁶)

Als Devise führte WILHELM I.: „Je maintiendrai Nassau". Seine Söhne ließen „Nassau" weg, so daß der noch heute übliche Wahlspruch des Hauses Oranien seit jener Zeit „Je maintiendrai" lautet.

c) 1689 — 1702.

König WILHELM III. von England legte den Schild mit dem nassauischen Löwen als Herzschild auf den Schild der Könige von Großbritannien, welcher geviert war: I. und IV. wiederum geviert von Frankreich und England; II. Schottland, III. Irland. Auf dem Schilde führt er die Königskrone.⁷)

¹) So blasoniert CHIFFLET CLXXXVII den Schild und giebt ihm nur einen Helm, nämlich den von Oranien. Siehe Taf. VI, No. 3.
²) So finde ich das Wappen auf Münzen und CHIFFLET CCXXII, der als einzigen Helm den von Nassau erwähnt, während auf seinem Siegel drei Helme vorkommen. Taf. VI, No. 4.
³) Taf. VI, No. 3.
⁴) Taf. VI, No. 6.
⁵) Taf. VI, No. 7. Auf einer Medaille von 1624 sind die Plätze I. IV. mit II. III. vertauscht, und ist der nassauische Löwe gekrönt. Neben diesem Wappen führte er auch das eben beschriebene mit den Wappen von Büren und Veere.
⁶) Eine hübsche Darstellung ihres Wappens giebt CHRISTIJN pag. 276. Dort wird der vom Hosenbandorden umgebene, mit Fürstenmantel und Krone geschmückte Schild von zwei Jungfrauen gehalten, welche auf einem Throne stehen, der von zwei mit Keulen bewaffneten wilden Männern bewacht wird. Die Jungfrauen halten die Standarten von Diest und Breda, die Männer die von Cuik und Cranendonk, (vier Herrschaften, welche WILHELM I. erworben hatte).
⁷) Taf. VII. No. 8.

d) 1702 — 1814.

Nach dem Tode Königs WILHELM III. entbrannte der Oranische Erbfolgestreit, der im Frieden von Utrecht[1]) dahin beigelegt wurde, daſs der König von Preuſsen, welcher seine Ansprüche auf Oranien an Frankreich abtrat, das Recht erhielt, den ihm cedirten Theil von Geldern Oranien zu nennen und auch fernerhin Titel und Wappen dieses Fürstenthums zu führen. Da er sich gleichzeitig verpflichtet hatte, die Erben des verstorbenen Fürsten von Nassau-Dietz hinsichtlich ihrer Ansprüche an Oranien zu befriedigen, so schloſs er mit WILHELM IV. von Nassau-Oranien einen Vertrag,[2]) nach welchem letzterer das Recht erhielt, einer seiner niederländischen Domainen den Namen eines Fürstenthums Oranien beizulegen und „d'en retenir le titre et les armes pour lui et ses descendans."

Diese führten daher das von JOHANN WILHELM FRISO 1702 bereits angenommene Wappen weiter.

Dieses war ein gevierter Schild: I. Nassau, II. Catzenelnbogen, III. Vianden, IV. Dietz mit einem Mittelschilde: Châlon-Oranien-Genf. Der Schild, umgeben von dem Hosenbandorden, war mit einer Königlichen Krone geschmückt und wurde von zwei gekrönten Löwen gehalten.[3])

---

6. Das Wappen der Catzenelnbogener Linien.
1559 — 1743.

JOHANN der ältere, der Stammvater dieser Linie führte den Schild gevieret: I. Nassau, II. Catzenelnbogen, III. Vianden, IV. Dietz und hierzu drei Helme, rechts: Nassau, in der Mitte: Catzenelnbogen; links: Dietz.[4])

Dieses Wappen gebrauchten auch seine Nachkommen, und zwar die Linien zu Dillenburg und Hadamar bis zu ihrem Erlöschen, die Linie zu Dietz bis 1702, die katholische Linie zu Siegen bis auf eine nachher zu erwähnende Ausnahme ebenfalls bis zu ihrem Ende. Da das Wappen der Linie zu Dietz von 1702 ab anderweitig bereits besprochen ist, haben wir hier nur noch die protestantische Linie zu Siegen und die Linie zu Schaumburg zu behandeln, bemerken aber vorher, daſs Fürst WILHELM HYACINTH von der katholischen Linie zu Siegen nach dem Tode des Königs WILHELM von Groſsbritannien als Senior des Ottonischen Stammes Ansprüche auf die Oranische Erbschaft erhob und demgemäſs auch das Wappen von Oranien annahm; und zwar legte er entweder das Wappen von Châlon-Oranien-Genf als Mittelschild auf den väterlichen Schild, oder er vierete den Schild von Nassau (Stammwappen) und Oranien (Jagdhorn).[5])

---

[1]) SCHOELL p. 113. Vertrag zwischen Frankreich und Preuſsen vom 11. April 1713.
[2]) d. d. Berlin 14. Mai 1732. SCHOELL p. 114.
[3]) Taf. VII. No. 9.
[4]) Taf. VII. No. 11.
[5]) Beide Original-Siegelstempel im Königl. Staatsarchiv zu Idstein. Um den Schild hängt ein Orden, dessen Rand die Inschrift trägt: „Soli Regum Regi." Vermuthlich der Orden du Saint Sacrement, den er 1703 stiftete.

Heinrich, der Stifter der protestantischen Linie zu Siegen, vermehrte das, auch von seinen Nachkommen geführte Wappen, indem er im Schilde einen Mittelschild mit dem Wappen seiner Gemahlin MARIA ELISABETH von Limburg-Styrum aufnahm und die drei Helme von diesem Wappen seinen drei Helmen zur Linken hinzufügte.¹)

ADOLF, der einzige Fürst der Linie zu Schaumburg vermehrte seinen Schild mit dem in einem Mittelschilde aufgenommenen Wappen seiner Gemahlin ELISABETH CHARLOTTE Gräfin von Holzappel-Schaumburg.²)

---

7. Das Wappen des souverainen Fürsten der Vereinigten Niederlande.
1814—1815.

Als die Niederlande sich im Jahre 1813 von französischer Herrschaft befreit sahen, erklärten beherzte Patrioten den Sohn ihres letzten Erbstatthalters zum souverainen Fürsten ihres freien Landes.

Fürst WILHELM, welcher im December die ihm angebotene Souverainetät angenommen hatte, beeilte sich, „sein Wappen in Verband zu bringen mit den Wappen der durch ihn regierten Länder." ³) Er verfügte demgemäfs am 14. Januar 1814, dafs sein Wappenschild gevieret sein solle: I. und IV. Niederland, II. und III. Châlon-Oranien-Genf. Herzschild: Nassau. Der mit einer Königlichen Krone gedeckte Schild solle von zwei gekrönten Löwen gehalten werden.⁴)

Für die Söhne und Töchter des Fürsten wurden Beizeichen bestimmt und zwar für den ältesten Sohn ein blauer Turnierkragen mit drei Lätzen, desgleichen für die älteste Tochter, welche auf demselben noch eine Krone führen solle. Jeder weitere Sohn solle den Turnierkragen mit einem Laz vermehren, die jüngeren Töchter aber den Turnierkragen mit zwei Kronen belegen.⁵)

---

¹) Taf. VII. No. 12. Ich finde dieses Wappen auf einem Siegel auch so dargestellt, dafs durch einmalige Spaltung und zweimalige Theilung im Schilde sechs Plätze entstehen: I Nassau, II Catzenelnbogen, auf welchen ein Mittelschild: Wisch, III Vianden, IV Dietz, V Limburg, VI Bronckhorst; auf den beiden letzten ein Mittelschild: Borkelo.

²) Taf. VII. No. 13. So steht das Wappen in RIETSTAP, Armorial. Ein Siegel habe ich leider nicht gefunden.

³) Staatsblad No. 9.

⁴) Taf. VII. No. 14.

⁵) Ueber Helm und Wahlspruch ist nichts bestimmt. Am 2. März 1814 befahl der Fürst dem Geh. Raths-Collegio in Dillenburg, das dortige grofse Siegel nach dieser Bestimmung verändern zu lassen, bemerkte aber dabei; „Dafs nach den Grundsätzen der Heraldik die Schildhalter, sowie auch der Wahlspruch und die Orden in den dorten anzufertigenden Siegeln nicht angebracht werden dürfen, indem solche nur für das von ihm selbst zu führende Siegel gehören. Zur Verzierung des Wappens aber kann dasselbe auf den dortigen Siegeln mit einem Fürstenmantel bekleidet werden." — (Idstein Reg. Actea. Curialien und Titul. C. 24.)

V.

Das Wappen des Herzogs von Nassau.
Vom 15. August 1805.

Von den Saarbrückischen Linien erlebten nur zwei den Anfang des 19. Jahrhunderts, den Frieden von Luneville — 1801 —, in dem sie ihre linksrheinischen Besitzungen an Frankreich abtreten mussten, und den Reichsdeputations-Hauptschluss — 1803 — der sie auf dem rechten Rheinu er hierfür entschädigte.

Diese Umwälzung veranlafste die Fürsten von Usingen und Weilburg, auch ihr Wappen zu verändern, aus dem zunächst die Felder entfernt wurden, welche die verlorenen Herrschaften repräsentirten, nämlich Saarbrücken, Mörs, Saarwerden, Lahr, während für die Gestaltung des neuen Wappens der Wunsch des Fürsten FRIEDRICH WILHELM zu Weilburg, daſs dasselbe eine gute Anzahl von Schilden führe[1], sowie der von den Geh. Räthen KALT und MEDICUS aufgestellte und von der zu Ems tagenden Fürstlichen Gesammthaus-Conferenz[2] adoptirte Grundsatz, daſs „das Wappen beiden Linien — Usingen und Weilburg — gemein sein müsse, und dafs die Helmzierrathen längst durch den Fürstenhut und Mantel verdrängt seien", maſsgebend wurde.

Von beiden Seiten wurden demgemäſs Vorschläge gemacht, und zwar trug der Bevollmächtigte des Fürsten von Nassau-Usingen darauf an:

„dafs statt der Titul Graf zu Saarbrück und Saarwerden, Herr zu Lahr und Mahlberg, die Benennung: „Pfalzgraf am Rhein, Graf zu Catzenelnbogen, Dietz, Sayn und Königstein, Herr zu Lahr und Dattenberg" substituirt werde, die weiteren Zusätze aber von Weilburgischer Seite zu erwarten, auch zuzusehen wäre, ob und was Nassau-Dillenburg dieserhalb vorbringen würde, wonächst dann, wenn über Titul und Wappen, welche die zwei Stämme des Fürstlichen Hauses Nassau oder auch nur der Nassauische ehemals Saarbrückische Stamm allein annehmen wolle, das nöthige convenirt sein werde, die Einrich-

---
[1] WEILBURG fasc. III 101.
[2] 22. Aug. bis 7. Sept. 1803.

tung des oder der fürstlichen Wappen einem in der Heraldik wohl erfahrenen und geübten Mann zu übertragen sei." ')

Die Geh. Räthe KALT und MEDICUS wünschten dagegen auf besondern Befehl des Fürsten FRIEDRICH WILHELM von Nassau-Weilburg ') für die vier ausfallenden Schilde, die Wappen von Catzenelnbogen, Dietz, Sayn, Königstein und Eppstein zu substituiren; aufserdem aber müsse „der Nassauische Hauptschild zur Erhaltung des Andenkens der dem Fürstlichen Hause in der Reichsentschädigung wegen des jenseitigrheinischen Länderverlustes zu Theil gewordenen Reste der Kurfürstenthümer Trier und Cöln und zur Andeutung aller darunter begriffenen einzelnen Parcellen in den oberen Ecken rechts das Trier, links das Cölnische Kreuz in kleinen Schilden erhalten." ')

Auf diese Vorschläge gaben die Oranischen Abgeordneten zu erkennen:

„Seine Hoheit ihr gnädigster Herr seien fest entschlossen, Ihr Wappen während Ihrer Lebenszeit nicht abzuändern und den unlängst angenommenen Titel: „Prinz von Oranien und Fürst zu Nassau etc." beizubehalten. Höchstdieselben überliefsen aber Ihrerseits lediglich dem freien Gutbefinden der Fürstl. Agnatischen Häuser die Wahl Ihrer Titulatur und Wappen. Nur geben die Oranischen Abgeordneten anheim, ob es nicht rathsam sei, den Titel von Catzenelnbogen und Dietz so lange auszusetzen, bis in Wien die Mitbelehnungssache wegen der Grafschaft Dietz berichtigt sein werde, damit nicht Hessen solche durch frühere Auftritte zu hintertreiben Anlafs erhalte." ')

Diesem Wunsche der Oranischen Deputirten wurde durch Conferenzbeschlufs d. d. Thalehrenbreitstein 14. Sept. 1803 consentirt '), eine Bestimmung über das neue Wappen also vorläufig nicht getroffen.

Erst im folgenden Jahre befahl Fürst FRIEDRICH WILHELM dem Geh. Rath MEDICUS, nachdem das Fürstlich Usingische Präsidium erklärt habe:

„Man wird es sehr gerne sehen, wenn man deroseits die Componirung des Wappens übernimmt; Serenissimus meus werden gerne der derzeitigen Impulsion folgen"

„nach den Bestandtheilen des abgeänderten Titels,') nach heraldischen Regeln und nach dermaliger Sitte und Geschmack Fürstlich angesehener Häuser" ein Wappen zu entwerfen.')

Der vorsichtige MEDICUS zog, „um dem sachkundigen Gelehrten keine Gelegenheit zur Kritik, und, was noch schlimmer wäre, andern Ständen keinen Anlafs zur Beschwerde zu geben" zunächst ein halbes Dutzend heraldischer Schriftsteller des 18. Jahrhunderts zu Rathe und machte dann zu einem „ihm durch die dritte Hand zugekommenen Entwurf, in welchem folgende Ordnung

Sayn	—	Catzenelnbogen	—	Hammerstein	—	Dietz	—	Königstein
Merenberg	—	Nassau	—	Trier	—	Limburg
Weilnau	—	Cöln	—	Pfalz	—	Eppstein
Mahlberg	—	Homburg	—	Wittgenstein	—	Freusburg

beliebt worden", folgende Bemerkungen:

') d. d. Rogers 14. Aug. 1803. WEILBURG fasc. III. ad 102.
') Protocoll der Gesammthaus-Conferenz vom 3. Sept. 1803. WEILBURG fasc. III. 103.
') Dieser lautete: „Fürst zu Nassau, Pfalzgraf bei Rhein, Graf zu Sayn, Koenigstein, Catzenelnbogen und Dietz, Burggraf zu Hammerstein, Herr zu Mahlberg, Wiesbaden, Idstein, Merenberg, Limburg und Eppstein etc.
') Cab. Ordre d. d. 8. Febr. 1804 Minist. Act. No. 4. In der That eine schwere Aufgabe

1. Der Nassauische Schild habe nicht die ihm gebührende Ehrenstelle; derselbe müsse in einer Mitte stehen und auch größer sein als die anderen.
2. Zur Aufnahme des Pfälzischen Löwen, des Stammwappens des Pfalz-Bairischen Hauses, könne er nicht rathen, zumal das von Pfalz erworbene Amt Caub im Verhältniß zu den umliegenden, von Cöln und Trier abgetretenen Ländern sehr gering sei.
3. Auf die Grafschaft Wittgenstein und die Herrschaft Homburg habe das Fürstliche Haus keine rechtlichen Ansprüche, da dasselbe durch den Reichsdeputations-Hauptschluß nur die Grafschaft Sayn-Altenkirchen erhalten habe. Ein anderes würde es sein, wenn das Wappen für den Herrn Erbprinzen [1] verfertigt werden solle, dieser habe „jura sanguinis" auf Wittgenstein und Homburg.
4. Das Wappen von Weilnau mögte wegfallen, weil Weilnau auch nicht im Titel aufgenommen worden sei. [2]

Auf Grund dieser Bemerkungen machte MEDICUS drei Entwürfe, welche leider nicht bei den Acten liegen. Einen von denselben wählte der Fürst zwar, doch wünschte er, „daß der Nassauer Löwe einen mehr in die Augen fallenden Platz erhielte" und auch das Mainzer Rad aufgenommen würde. [3] Demgemäß wurde folgende Zusammenstellung empfohlen:

Königstein	— Pfalz	— Sayn	— Catzenelnbogen
Dietz	— Cöln	— Hammerstein	— Mahlberg
		Nassau.	
Limburg	— Merenberg	— Trier	— Eppstein
		Mainz.	

Diesem Entwurf scheinen beide Fürsten zugestimmt zu haben, nur entstand eine längere Correspondenz [4] zwischen den beiderseitigen Regierungen über das Wappen von Hammerstein, für welches Usingen einen Rosenstock [5], Weilburg drei Hämmer vorschlug, bis man sich schließlich dahin einigte, weil weder der Rosenstock noch die Hämmer das Wappen der hier in Frage stehenden Burggrafschaft Hammerstein, und das rechte Wappen schwerlich mehr vorzufinden sei, die Hämmer als „armes parlantes" anzunehmen. [6] Während man diese Frage erledigte, müssen noch besondere Gründe gegen den eben erst gutgeheißenen Entwurf sich geltend gemacht haben, denn das schließlich eingeführte Wappen entspricht demselben keineswegs.

Dieses im Einverständniß mit der Usingischen Landesregierung [7] am 20. Juli 1805 vom Fürsten FRIEDRICH WILHELM genehmigte Wappen [8] besteht vielmehr aus einem Hauptschild mit Mittelschild und Herzschild, und zwar zeigt der Herzschild: das Wappen von Nassau.

---

[1] Der nachmalige Herzog WILHELM als Sohn der Burggräfin von Kirchberg und Erbin von Sayn-Hachenburg. Siehe oben dieses Wappen
[2] Bericht des Geh. Raths MEDICUS vom 1. März 1804. WEILBURG fasc. III 108.
[3] Minist. Acten. Schreiben vom 8. März 1804 ohne Unterschrift.
[4] WEILBURG fasc. III. 115—119.
[5] Das Wappen der schlesischen Familie VON HAMMERSTEIN.
[6] Zufällig traf man das Richtige. Siehe oben dieses Wappen.
[7] d. d. Wiesbaden 26. Juni. — WEILBURG fasc. III 121.
[8] Resolutio Serenissimi ad Rel. Reg. — WEILBURG fasc. III 123.

Der gevierte Mittelschild: I. Trier. II. Pfalz. III. Sayn. IV. Cöln. Der Hauptschild ist dreimal getheilt und dreimal gespalten, so dafs, da der Mittelschild vier Plätze bedeckt, noch 12 Plätze frei bleiben für: I. Königstein. II. Dietz. III. Weilnau. IV. Catzenelnbogen. V. Hammerstein. VI. Mahlberg. VII. Merenberg. VIII. Limburg. IX. Eppstein. X. Wittgenstein. XI. Homburg. XII. Freusburg.[1])

Der mit einer Fürstenkrone gezierte Schild wird von zwei gekrönten Löwen gehalten.

Die von MEDICUS so sehr gefürchtete Kritik sachkundiger Gelehrten trat bald ein. Noch im selbigen Jahre fühlte sich Herr VON PREUSCHEN veranlafst, nachdem man einmal den Fehler begangen, die Wappen von Saarbrücken, Saarwerden, Mörs und Geroldseck auszulassen, wenigstens für obige 17 Wappen eine bessere Ordnung vorzuschlagen,[2]) ohne dieselbe indefs zu erreichen.

Als im nächsten Jahre zufolge des § 6 der Rheinbundsacte, in welchem es heifst: „Le chef de la maison de Nassau prendra le titre Duc" der Fürst VON USINGEN den Titel „Herzog" annahm und dann seine Länder, welche, weil er ohne männliche Nachkommenschaft war, nach seinem Tode an Weilburg fielen, schon damals mit den Weilburg'schen zu einem von beiden Fürsten gemeinsam regierten „Herzogthum Nassau" vereinigte,[3]) machte sich das Bestreben geltend, um die Einheit des Herzogthums auch im Wappen stärker zu bezeichnen, unter Wegfall aller anderen Schilde nur den Nassauer Löwen im Staatssiegel zu führen.[4]) Wegen der „dermaligen politischen Crise" unterblieb aber jede Aenderung.[5]) Nach Beendigung derselben wurde namentlich mit Rücksicht auf die in Folge des Vertrages mit Preufsen[6]) abgetretenen resp. erworbenen Gebietstheile, die Frage angeregt, ob es nicht räthlich sei, das Wappen einer Revision zu unterwerfen. Mafsgebenden Ortes war man aber der Ansicht, „die Regenten seien heut zu Tage nicht mehr so aufmerksam, ihre Rechte auf wirklich besitzende Lande und ihre Ansprüche auf die zu erwartende Lande im Wappen kundbar oder auf künftige Fälle geltend zu machen, da Friedensschlüsse und Staatsverträge die vollgültigsten Urkunden zum rechtmäfsigen Besitz der Lande darstellen."[7]) Als aber 1818 für die nassauischen Vasallen neue Lehnbriefe ausgefertigt werden mufsten, genehmigte der Herzog auf Antrag des Lehnhofes, „dafs bei allen Urkunden, in welchen der kleinere Titel „Souverainer Herzog zu Nassau etc." gebraucht wird, auch nur das Herzoglich Nassauische Stammwappen angewendet werden soll."[8])

Seitdem wurde von sämmtlichen Behörden nur das Stammwappen geführt, während das grofse Wappen von 1805 im Staats- und im Cabinets-Siegel erhalten blieb. Ein letzter Versuch, Titel und Wappen zu ändern, wurde 1821 gemacht, indem der Archivrath LEX vorschlug, als einziges Wappen den nassauischen Löwen, „welcher alle weiteren Zuthaten entbehren könne, die weder den Glanz des Hauses zu erhöhen, noch den Ruhm

---

[1] Diese Anordnung stimmt nicht mit der Beschreibung in den Min. Acten (Siehe Beilage 6) wohl aber mit dem wirklich gebrauchten grofsen Siegel überein.
[2] Schreiben d. d. 13. Oct. 1805 in den Minist. Acten.
[3] WEIDENBACH pag. 301.
[4] Notiz des Ministers Freih. VON MARSCHALL v. 4. Oct. 1806. Min. Act. G. C. 1604.
[5] Cammertags-Protok. v. 7. Mai 1808. — WEILBURG fasc. III 140.
[6] d. d. Wien 31. Mai 1815. WEIDENBACH 321.
[7] Bericht des Lehenshofes an das Staats-Ministerium d. d. 2. Mai 1816. Min. Act.
[8] Verfügung an den Lehnhof d. d. 7. Juli 1818 Min. Acten.

seines alten Stammes weiter zu verbreiten im Stande sind," anzunehmen. Sollte aber ein gröfseres Wappen beliebt werden, so möge man zunächst die Wappen der 1815 abgetretenen Landestheile aus dem bisher geführten entfernen, und, da die neu acquirirten Landestheile, soweit sie überhaupt ein Wappen geführt, bereits vertreten, eine Vermehrung des Wappens dieserhalb also nicht nöthig sei, nur noch wegen der bestehenden Erbansprüche das Wappen des Grofsherzogthums Luxemburg [1] darin aufnehmen. [2]

Aber auch dieser Vorschlag wurde verworfen. Das Wappen von 1805 blieb weiter bestehen, überlebte die Ereignisse des Jahres 1866 und wird im Herzoglichen Cabinetssiegel noch geführt.

[1] Luxemburg war als Entschädigung für die abgetretenen nassauischen Erblande durch den Wiener Congrefs dem Könige der Niederlande mit der Bestimmung zugetheilt worden, dafs dasselbe dem nassauischen Hausfideicommisse einverleibt, und für die Succession beider Stämme des Hauses Nassau in diesem der Erbverein von 1783 gültig sein solle.

[2] Vortrag des Archivraths LEX d. d. 28. Aug. 1821, Minist. Acten.

VI.

Das Wappen des Königs der Niederlande.

Vom 24. August 1815.

Nachdem durch die Wiener Schlußacte vom 15. Juni 1815 der souveraine Fürst der Niederlande als König anerkannt war, veränderte dieser wiederum sein Wappen,[1] welches nunmehr im blauen, mit gelben Schindeln bestreutem Felde einen gekrönten Löwen zeigt, der in seiner Rechten ein Schwerdt, in der Linken sieben durch ein gelbes Band zusammengebundene Pfeile mit gelben Spitzen hält.[2]

Der Kronprinz der Niederlande führt als Prinz von Oranien diesen Schild (I. und IV.) geviert mit dem Schild von Châlon-Oranien-Genf (II. und III.).

Die jüngeren Prinzen und Prinzessinnen des Königlichen Hauses führen den Schild des Königs mit einem rothen Turnierkragen, welcher für jeden derselben ein besonderes Beizeichen trägt.[3]

Während sämmtliche Prinzen und Prinzessinen den Schild, welcher von zwei gekrönten Löwen gehalten wird, mit der Königskrone schmücken, ist die Devise: „Je maintiendrai" und der uralte nassauische Helmschmuck, ein Löwe zwischen zwei Hörnern, dem Könige und den Prinzen vorbehalten.[4]

---

[1] Beilage 7. Diese Bestimmungen lassen in Bezug auf Deutlichkeit manches zu wünschen übrig.
[2] Mit andern Worten: Das Stammwappen von Nassau und das Wappen der Niederlande werden dadurch vereinigt, dafs der niederländische Löwe in den namsauischen Schild gestellt wurde.
[3] So führt Prinz FRIEDRICH der Niederlande auf demselben einen gelben Pfeil, Prinzessin MARIANNE eine Krone.
[4] Dieser Helmschmuck ist allerdings uralt nassauisch, gehört aber der Walramischen Linie an. Siehe das Stammwappen. Dafs die Hörner als „Elephantenrüssel" blasonirt werden, ist eine Eigenthümlichkeit niederländischer Heraldik.

STAMMTAFELN.

1. Stammtafel der Grafen von Nassau

			Robert Graf von
			Walram Graf von
		Robert.	Heinrich der Reich
			Walram I. † 128o
		Adolf † 1298.	König 1292
		Gerlach † 1361.	

Wiesbaden.	Weilburg
Adolf I. † 1370.	Johann I. † 1371, gefürsteter Graf 1366, erwirbt durch seine erste Gemahlin Gertrude von Merenberg 1350 die Herrschaften Merenberg und Gleiberg. Zweite Gemahlin Johanna Gräfin von Saarbrücken.

Gerlach † 1386.	Idstein. Walram II. † 1393.	Philipp I. † 1429, erbt 1381 die Grafschaft Saarbrücken, 1393 durch seine Gemahlin Johanna von Hohenlohe die Herrschaft Kirchheim u. Stauf und kauft 1405 die Herrsch. Neu-Weilnau
	Wiesbaden-Idstein. Adolf II. † 1426. Johann † 1480.	Philipp II. † 1492.
		Johann III. † 1480.
	Adolf III. † 1511. Philipp I. † 1558.	Ludwig I. † 1523. Philipp III. † 1559.
	Philipp II. Balthasar † 1566. † 1568.	Albrecht Philipp IV. † 1602, kauft 1565 den Eppstein- † 1593. schen Antheil an der Herrschaft Alt-Weilnau Erben 1574 Saarbrücken.
	Johann Ludwig I. † 1596. Johann Ludwig II. † 1605.	Ludwig II. † 1625, vereinigt 1605 alle Lande des Walramischen Stammes Saarbrücken. Wilhelm Ludwig † 1640, erwirbt 1631 den Dillenburgschen Antheil an der Herrsch. Alt-Weilnau durch Tausch in Gemeinschaft mit seinem Bruder

Ottweiler.	Saarbrücken.	Usingen.
Johann Ludwig † 1690.	Gustav Adolf † 1677.	Wallrad † 1702. Fürst 4. August 1688
Friedrich Ludwig † 1728.	Karl Ludwig † 1723.	Wilhelm Heinrich † 1718.

	Usingen.	Saarbrücken.
	Karl † 1775.	Wilh. Heinrich † 1768.
Karl Wilhelm † 1803.	Friedrich August † 1816. Herzog 1806.	Ludwig † 1794. Heinrich † 1797.

'alramischen Stammes.

urenburg 1151 †.
urenburg † 1198.
1429. Grafen von Nassau.
to I. (siehe folgende Tafel).

Sonnenberg.
Robert † 1390.

Saarbrücken.
Johann II. † 1472.

hann Ludwig † 1545, erbt durch seine Gemahlin Katharina Gräfin von Mörs-Saar-
erden 1527 die Grafsch. Saarwerden und die Hälfte der Herrsch. Lahr-Mahlberg.

Philipp † 1554.   Johann IV. † 1574.

Idstein.
Johann † 1677.

eorg August † 1721.
Fürst 4. Aug. 1688.

Weilburg.
Ernst Casimir † 1665.

Friedrich † 1675.
Johann Ernst † 1719.

Karl August † 1753, Fürst 9. September 1737.
Karl Christian † 1788.

Friedrich Wilhelm † 1816. Herzog 1806. Erbt durch seine Gemahlin Luise Isabelle
Burggräfin von Kirchberg 1799 die Grafschaft Sayn-Hachenburg.

Wilhelm † 1839.
Adolf.

2. Stammtafel der Grafen von Nassa[u]

Otto I. Graf von Nass[au]

Siegen.
Heinrich I. † 1343, erbt 1328 Dillenburg.

Dillenburg.
Otto II. † 1351, heir. Adelheid Gräfin von Vianden.
Johann I. † 1416.

Adolf † 1420, heir. Jutta Gräfin von Dietz.	Engelbert I. † 1442, erbt 1420 Vianden, bekommt ½ Dietz und erbt 1393 Breda.
Johann IV. † 1475.	Heinrich II. † 1450.
Engelbert II. † 1504, ertauscht Diest und Siechem und erbt die niederländischen Besitzungen.	Johann V. † 1516, erbt durch seine Gemahlin Elisabeth von Hessen 1504 die Grafschaft Catzenelnbogen.

Breda.	Dillenburg.	
Heinrich III. † 1538, heir. Claudia von Châlon-Oranien, erbt 1504 die niederländ. Besitz.	Wilhelm d. ältere † 1559, bekommt 1557 den hessischen Antheil an Dietz.	
Renatus † 1544, erbt 1530 das Fürstenth. Oranien.		
	Oranien.	Catzenelnbogen.
	Wilhelm I. † 1584, erbt 1544 die niederländ. Besitz. und Oranien und durch seine erste Gemahlin Anna von Egmond-Büren 1548 Büren, Borsselen, Leerdam, Lingen. Zweite Gemahlin Anna von Sachsen.	Johann der ältere † 1606.

I. Philipp Wilhelm † 1618, erbt 1600 Mörs.	II. Moritz † 1625.	IV. Heinrich Friedrich † 1647.		Siegen. Johann der mittlere † 1623.
Wilhelm II. † 1650, heir. Maria von England.	Luise heir. Fried. Wilh., Kurfürst v. Brandenburg.	Albertine, beir. Wilh. Friedr., Fürst von Nassau-Dietz.	Johann d. jüngere † 1638.	Heinrich † 1652, erb[t] Wisch durch seine Ge[mahlin] Maria Elisabe[th] von Limburg-Styrum.
Wilhelm III. † 1702, 1689 König v. Grofsbritannien.			Johann Franz † 1699. Fürst 1652.	Wilhelm Moritz † 1691 Fürst 1664.
			Wilhelm Hyacinth † 1743.	Friedrich Wilhelm I. † 1722.
				Friedrich Wilhelm II. † 1734.

Hadamar.
Emich I. † 1334, erwirbt 1333 die Landeshoheit über Hadamar.

Johann † 1365.   Emich II. † 1359.

Dillenburg.
Johann † 1328.

Beilstein.
Heinrich I. † 1380.
Heinrich II. † 1412.

Johann I. † 1473.
Heinrich IV. † 1499.

Johann II. † 1513.
Johann III. † 1561.

Heinrich † 1365.   Emich III. † 1394.

Dillenburg
Georg † 1623.

...dwig Heinrich † 1662. Fürst 1652.

...org Lud-
... † 1656.
Heinrich † 1701.
...ilhelm Christian 1724. † 1739.

Dietz.
Ernst Casimir † 1632.

Heinrich Casimir I. † 1640.   Wilhelm Friedrich † 1664, Fürst 1652, heir. Albertine von Nassau-Oranien.

Heinrich Casimir II. † 1696.

Oranien.
Johann Wilhelm Friso † 1711, erbt 1702 Oranien.
Wilhelm IV. Friso † 1751.
Wilhelm V. † 1806, 1806 Fürst von Fulda etc.
Wilhelm I. 1815 König der Niederlande, Großherzog von Luxemburg. † 1843.
Wilhelm II. † 1849.
Wilhelm III.

Schaumburg.
Adolf † 1676, heir. Elis. Charl. Gräfin v. Holzappel-Schaumburg.

Hadamar.
Johann Ludwig † 1653. Fürst 1653.
Moritz Heinrich † 1679.

Franz Alexander † 1711.

3. Vererbung des Wappens der Grafen von Saarbrücken.

Saarbrücken.

Simon III., Graf von Saarbrücken † 1233.

| Loretta † 1271, heir. Dietrich Luf v. Cleve, Graf von Saarbrücken † 1263. | Mathilde, † 1274, erbt 1271 Saarbrücken. |

Mümpelgard.

heir. Amadeus, Graf von Mümpelgard Montfaucon.

Simon IV., Graf von Saarbrücken † 1309.

Johann I. † 1342.

Simon V. † 1317.

Johann II., † 1381.   Nassau.

Johanna, Erbgräfin von Saarbrücken † 1330. heir. 1353 Johann I. Graf von Nassau-Weilburg, † 1371.

Philipp I., Graf von Nassau-Saarbrücken.

4. Vererbung der Wappen der Herren von Heinsberg, der Grafen von Sponheim und der Herren von Diest.

Heinsberg.

Gottfried I. von Heinsberg † 1193.

Adelheid, Erbin von Heinsberg † 1217. heir.

Cleve.

Arnold II., Graf v. Cleve † 1200.

Dietrich I. v. Heinsberg † 1228.

Agnes, Erbin von Heinsberg heir.

Sponheim.

Heinrich, Graf von Sponheim † 1258.

Dietrich II., Graf v. Heinsberg † 1303.

Gottfried II. † 1331.

Johann I. † 1345.

Gottfried III. † 1395.

Diest.

Thomas von Diest kauft 1398 Sichem.

Johann † 1424.

Johanna, Erbin v. Diest und Sichem. heir.

Johann II. † 1438.

Johann III. † 1443.

Johann IV. † 1448.

Johanna † 1457, Erbin von Heinsberg, Diest und Sichem. heir.

Nassau-Saarbrücken.

1446 Johann II., Graf von Nassau-Saarbrücken † 1472.

Elisabeth, Erbin v. Heinsberg, Diest und Sichem. heir.

Jülich.

1472 Wilhelm IV., Herzog von Jülich.

5. Vererbung der Wappen der Grafen von Mörs und Saarwerden und der Herren von Geroldseck-Lahr und Mahlberg.

			Geroldseck	Lahr. Mahlberg.
			Walther I. von Geroldseck † 1277.	heir. Elicke, Erbin von Lahr und Mahlberg.
		Mörs.	Hermann von Geroldseck-Lahr † 1262.	Heinrich I. † 1298, Stifter der Linie Hohengeroldseck. 1634 †
		Dietrich I., Herr von Mörs † 1262.	Walther II. † 1314.	
	Saarwerden.	Dietrich II. † 1294.	Walther III. † 1343.	
	Heinrich, Graf von Saarwerden 1381.	Dietrich III. † 1329.	Walther IV. † 1351.	
	Heinrich † 1397.	Dietrich IV. † 1372.	Heinrich II. † 1394.	
	Walburga, Erbgräfin von Saarwerden. heir.	Friedrich III. † 1417.	Heinrich III. † 1426.	
	Friedrich IV. pflanzt die Linie der Grafen von Mörs fort.	Johann I., Graf von Mörs-Saarwerden heir. † 1431.	Adelheid, Erbin von Lahr und Mahlberg.	
		Jacob I., Graf von Mörs-Saarwerden, Herr zu Lahr und Mahlberg † 1470.		
	Nassau-Saarbrücken.	Johann III. † 1507.	Jacob II. † 1518.	
	Johann Ludwig, Graf v. Nassau-Saarbrücken † 1545.	heir. um 1506 Katharina.	Johann Jacob † 1527.	

6. Vererbung des Wappens der Grafen von Sayn und Wittgenstein und der Herren von Freusburg und Homburg.

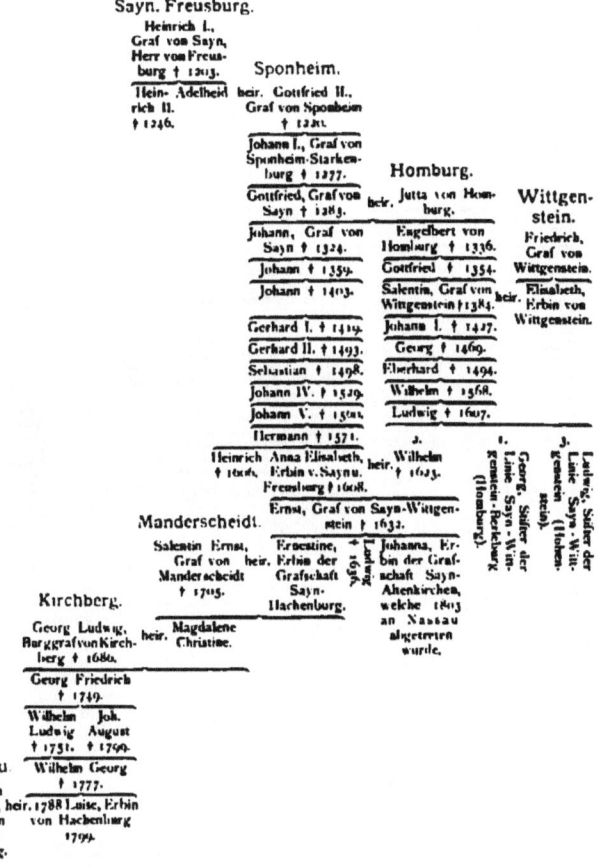

7. Vererbung des Wappens der Herren von Perweys (Vianden).

Perweys.

Gottfried VII., Herzog von Nieder-Lothringen (Brabant) † 1186.

Wilhelm von Perweys.

Gottfried † 1257.

Maria heir. Philipp I., Graf von Vianden
                                  † 1272.

Vianden.

Gottfried I. † 1312, nimmt 1280 das Wappen von Perweys an.

Gottfried II. Heinrich II.
† 1335. † 1351. Nassau.

Maria † 1400, Adelheid heir. 1331 Otto II., Graf von Nassau-
heir. 1377 Dillenburg † 1351.
Simon, Graf
v. Sponheim.

Elisabeth Johann I. † 1416.
† 1420,
Wittwe des Engelbert I. † 1442.
Pfalzgrafen
Ruprecht II.

Vianden an Nassau.

8. Vererbung des Wappens der Grafen von Dietz.

Nassau.		Dietz		
Johann I., Graf von Nassau-Dillenburg † 1416.		Gerhard VII., Graf von Dietz † 1388.		Eppstein.
Engelbert I. bek. 1420 ¹/₄ Dietz.	Adolf heir. † 1420.	1376 Jutta, Erbin von Dietz † 1397.		Eberhard I. von Eppstein † 1391.
Johann IV. † 1475.		Jutta, Gräfin heir. v. Nassau, Erbin von ¹/₄ Dietz.	1401 Gottfried VIII. von Eppstein-Minzenberg † 1437.	Eberhard II. † 1443.
Johann V. heir. † 1516.	1482 Elisabeth von Hessen, Erbin von ¹/₄ Dietz † 1523.	▸ Gottfried IX. verkauft ¹/₄ Dietz an Catzenelnbogen 1453.		Eberhard III. † 1475.
Wilhelm der Aeltere † 1559. kauft ¹/₄ Dietz von ◂		Gottfried X. † 1522, ¹/₄ Dietz an ▸		Philipp † 1481. ▸ Eberhard IV., Graf v. Königstein, verkauft 1530 ¹/₄ Dietz an Wilhelm, Graf von Nassau.

9. Vererbung des Wappens der Grafen von Catzenelnbogen.

Catzenelnbogen.
Philipp, Graf von Catzen-
elnbogen † 1479, kauft 1453
⅕ der Grafschaft Dietz.   Hessen.

Anna, Erbin der Graf- heir. 1458 Heinrich III., Landgraf
schaft Catzenelnbogen und   von Hessen-Marburg
⅕ Dietz † 1494.   † 1483.   Nassau.

                    Wilhelm III.   Elisabeth heir. 1482 Johann V., Graf von
                    † 1500.   Nassau-Dillenburg † 1516.

                                        Wilhelm der Aeltere
                                        † 1559.

10. Vererbung des Wappens der Grafen von Châlon, Oranien und Genf.

Châlon.
Theobald, Graf
von Châlon
† 1065.
Hugo II. Adel- heir. Wilhelm
† 1075. heid. von Thiers.

Thiers.
Wilhelm
von Thiers.
Guido von
Thiers, Graf
von Châlon
† 1113.
Wilhelm I.
† 1166.
Wilhelm II.
† 1203.

Auxonne.
Beatrix heir. Stephan III. Graf
† 1227. von Auxonne.
Johann der Weise
nimmt 1213 Name
und Wappen von
Châlon an, verk.
Châlon an den Herzog von Burgund.
Johann I. d. J., Graf v.
Châlon-Arlai † 1315.
Hugo I. † 1322.
Johann II. † 1362.
Hugo III. Ludwig
† 1388. † 1362.
Johann I. heir. Maria von Baux,
† 1418. Erbin von Oranien.
Ludwig der Gute, Graf v. Châlon,
Fürst von Oranien † 1463.
Wilhelm † 1475, heir. Catharina
von **Bretagne**.
Johann II. † 1502, heir. Philiberte,
Tochter des Herzogs Anton von
Luxemburg, Grafen von
Brienne.
Philibert Claudia, Erbin von
† 1530. Oranien † 1521.

Baux.
Bertram von Baux heir.
† 1181.
Wilhelm IV., Fürst
von Oranien
† 1219.

Raimund I. † 1282,
erht ¼ Oranien.
Bertram III. † 1335,
erwirbt 1289 ¼ und
1307 ¼ Oranien.
Raimund III. † 1340.
Raimund IV. heir.
† 1393.

Montpellier.
Wilhelm I.
von heir.
Montpellier
† 1156.

Oranien.
Reinbald II.
Graf von
Oranien
† 1131.
Tiburtia I.
Gräfin
v. Oranien.
Tiburtia II.
erht
¼ Oranien.

Genf.
Amadeus III. Graf von Genf
† 1367.
Johanna, Gräfin Maria heir.
von Genf. Humbert
von Villars.

Nassau.
heir. 1515 Heinrich III. Graf von
Nassau-Breda † 1538.
Renatus † 15. Juli 1544,
erbt das Fürstenthum Oranien
1530.

11. Vererbung des Wappens der Herren von Büren und von Veere.

Veere.
Franco von
Borsselen,
Herr v. Veere.

Leonore heir. Johann von
Büren † 1470.

Büren.

Elisabeth, heir. Gerhard II.
Erbin von   von Culen-
Büren.   burg † 1480.

Culenburg

Adelheid, heir. Friedrich,
Erbin von   Graf von
Büren.   Egmond-
                Büren † 1500.

Egmond

Florens
† 1539.

Maximilian
† 1548.

Anna, Erbin heir. 1551 Wilhelm I.,
von Büren.   Fürst von
                   Nassau-
                   Oranien.

Nassau

12. Vererbung der Wappen der Könige von England, Frankreich, Irland und Schottland.

Frankreich.

Philipp IV.
König von
Frankreich
† 1314.

Carl IV. † 1328. — Isabella heir. Eduard II.

England.

Eduard II.
König von
England
† 1327.

Eduard III.
† 1377.

Johann von
Gent, Herzog von Lancaster † 1399.

Johann Herzog v. Somerset
† 1416.

Johann
† 1444.

Margaretha heir. Edmund Tudor, Graf v. Richmond.

Tudor.

Heinrich VII. König
von England
† 1509.

Heinrich VIII. Mar-
König v. Eng- ga- heir.
land u. Irland rethe
† 1547.

Schottland.

Jacob IV.,
König von
Schottland
† 1513.

Eduard VI. Maria Elisabeth
† 1553. † 1558. † 1603.

Jacob V.
† 1542.

Stuart.

Maria Stuart heir. Heinrich
† 1587. Stuart, Lord
Darnby

Jacob I.
König von
Großbritannien † 1625.

Carl I.
† 1649.

Carl II. Jacob II.
† 1685. † 1701.

Nassau-Oranien.

Maria heir. Wilhelm III.
Fürst von
Nassau-
Oranien.

13. Vererbung der Wappen der Grafen von Limburg-Styrum und von Bronckhorst, sowie der Herren von Wisch und von Borkelo.

				Bronckhorst.	Borkelo.
				Gisbert V. Graf von Bronckhorst † 1356.	Gottfried von Borkelo.
				Wilhelm IV. † 1388.	Gisbert heir. Henrica, † 1399, kauft 1367 die Herrschaft Borkelo.
			's Heerenberg.	Friedrich I. erbt 1399 Borkelo, † 1406.	Gisbert VI. † 1418, erbt 1406 Borkelo.
			Oswald I, Graf von 's Heerenberg † 1506.		Otto † 1458.
		Wisch.			Friedrich II. † 1506.
	Limburg Styrum.	Heinrich heir. Walburg. von Wisch.	Mathilde heir.		
	Georg, Graf von Limburg-Styrum † 1552.	heir. Irmgard, Erbin von Wisch, erbt 1553 Bronckhorst und Borkelo.	◄—————————————►		Jobst † 1553, Graf v. Bronckhorst, Herr von Borkelo.
	Hermann Georg † 1570.				
	Jobst † 1616.				
Nassau-Siegen.	Georg Ernst erbt Wisch.	Hermann Otto, Stammvater der Linien zu Bronckhorst; Gehmen; Styrum.			
Heinrich, heir. 1646 Graf von Nassau-Siegen † 1652.	Maria Elisabeth, Erbin von Wisch † 1707.				
Wilhelm Moritz.					

14. Vererbung des Wappens der Grafen von Holzappel.

Holzappel.

Wilhelm Eppelmann,
Landbereiter zu Ober-Hadamar
† 1592.

Peter Melander, Kaiserl. Feldmarschall, 1641 Graf von Holzappel † 1648.

Nassau.

Elisabeth Charlotte † 1707 heir. 1653 Adolf, Fürst von Erbin von Holzappel und Nassau-Dillenburg.
Schaumburg.

Anhalt.

Charlotte † 1700 heir. Lebrecht, Fürst von Anhalt-Bernburg † 1727.

Victor Amadeus Adolf, Fürst von Anhalt-Bernburg, erbt 1707 Holzappel und Schaumburg.

BEILAGEN.

1. Graf Johann von Catzenelnbogen vergönnt dem Grafen Johann I. von Nassau-Weilburg seinen Helm zu führen. 1344.

Im Jahre 1344 bekennt Graf JOHANN von Nassau, Graf GERLACH's Sohn, nachdem ihm Graf JOHANN zu Catzenelnbogen von Lieb und Freundschaft wegen den Catzenelnbogischen Helm zu führen vergönnt, daſs er denselben allein sein Lebtag haben und führen solle, und daſs nach seinem Absterben seine Erben und Nachkommen solchen Helm nimmermehr führen sollen.

<small>(Notiz aus dem „Repertorium des ehemal. Ziegenhainer hessischen Gesammtarchivs, Eigenthum der Niedergrafschaft Catzenelnbogen sub Catzenellenbogen No. 64" im Großherzogl. Hessischen Haus- und Staats-Archiv in Darmstadt.)

Die Urkunde selbst dürfte nach Ansicht des Herrn Archiv-Directors Dr. Freiherrn SCHENCK ZU SCHWEINSBERG, da bei dieser Notiz von älterer Hand das bedauerliche Wort „dorst" steht, wie so manche andere im Archiv zu Ziegenhain bewahrte, völlig verfault sein.

Auch die bezügliche von Catzenelnbogenscher Seite ausgestellte Urkunde hat sich nicht auffinden lassen.</small>

---

2. Pfalzgraf Ruprecht I. verleiht den Grafen Adolf und Johann von Nassau seinen Helm. 3. December 1353.

WIR RUPRECHT der elter von gots gnaden Pfaltzgraven by Rine des heiligen Romischen Richs Obirster Druchsez vnd Herzoge in Beyern Erkennen vffenbar an disem briefe für vns vnd vnser Erben daz wir vnser lieben Neven¹) ADOLFEN vnd JOHAN

¹)
	König Adolf.	
Gerlach Graf von Nassau.		Mathilde heir. Pfalzgraf Rudolf I.
Adolf.	Johann.	Ruprecht Pfalzgraf 1353. 4. 10. — 1390.

gebrudern graven zu Nassow zu Rechtem lehen verluhen han vnd verliehen auch mit disem geginwortigen briefe zwei Hornner von irm wappen von Nassow vf dem Helme zu furen vnd da tvschen eyn guldin lewen also daz die vorgenannt ADOLF und JOHAN vnd ir Erben mit namen allewege zwene die eldesten Sone, von des vatters stamme vnd die graven zu Nassowe sin die vorgen. Helm von vns vnd vnsir erben furen sulln vnd mugen. In orkunde diz briefes versigelt mit vnsirm hangenden Ingesiegel Der geben ist zu Spire an dem nehesten Dinstag vor Sant Niclawes Dag als man zalte nach Cristes geburt Drivzehenhundert Jar dar nach in dem dri vnd funfzigestem Jar.

Aus Dr. K. ROSSEL, Das Stadtwappen von Wiesbaden p. 64. Die Urkunde befindet sich seit 1868 im Herzogl. Nassauischen Hausarchiv in Weilburg.

---

3. Hannemann, Graf von Zweibrücken bekennt, dass sein Oheim, Graf Johann von Saarbrücken ihm erlaubt habe, seinen Helm lebenslang zu führen. 22. April 1365.

WIR HANNEMAN Graue von Zwenbrucken vnd here zu Bytschen dun kunt allen Luten, die diesen brief anesehent oder gehorent lesen, alze von des helmes wegen mit den zwen vlügeln oben wys vnd vnden swartz den wir furent, daz wir denselben helm hant von vnserm lieben Oheim Graue JOHAN von Sarbrucken.¹) Unde er vns den och gegeben vnd gegunet hait zu fürende vnser lebetagen. Des zu urkunde so han wir der vorgenant HANNEMAN Graue von Zwenbrucken vnd here zu Bytschen vnser Ingesiegel gehencket an disen brief, der geben wart vff dinstag nest nach Quasimodo des jars do man zalde von Gotz geburcht Druzehen hondert jar vnde darnach in dem funfe vnde seiszicsten jare.

(Original im Königl. Staatsarchiv in Idstein. Siegel abgefallen.)

---

4. Graf Philipp I. von Nassau-Saarbrücken nimmt ein neues Siegel in Gebrauch. 3. August 1426.

Zu wissen, dass meyn gnediger Herr graffe PHILIPS graffe zu Nassauwe vnd zu Sarbrücken Eyn nuwe Sigel hait lassen machen vnd hait man da mede angehaben zum siegeln vff den Samsztag nehst nach Sanct Peters dage ad vincula anno dni Millesimo quadringentesimo vicesimo Sexto vnd wart das alde off den obgesz. dag zurbrochen.

Copie in Dr. ROSSEL's Nachlass mit der Bezeichnung: Weilburg No. 191 fasc. 1—37. Original jetzt im Herzogl. Nassauischen Hausarchiv in Weilburg.

¹) Johann II., der letzte Graf von Saarbrücken aus dem Hause Mömpelgard und Vater der Gräfin Johanna, zweiten Gemahlin des Grafen Johann I. von Nassau-Weilburg.

40. Notarielles Instrument betreffend das Zerbrechen des Siegels des Grafen Philipp II. von Nassau-Saarbrücken. 2. März 1493.

In Gots Namen. Amen. Kunth, wissend vnd vffenbar sy allen den dys diess geygenwurtigk teusch vffin Vrkundt vnd Instrument anesehen, lessen oder horen lessen, das in dem Jare nach Cristi vnsers liebn Hrn Gepurt Dusent Vierhundert nuntzig vnd dry Jare in der eillfften Romer Zale, Indictio zu Latin genant, Bastumbs des allerhelligsten in Got Vatern vnd Hrn Hrn Allexandrj¹) von gotlicher vursichtigkeyt Babsts des Sehesten, im Jrsten Jare am Samsstag, der da was der zweyte Tag des Monats Marcij zu Latin genant, Vur Mittag zu Sieben Uren oder na daby, in myn vffinbar Schriber vnd Notarien, auch glaubwürdigen Gezugen by vnden benant. Sind erschienen dye Vesten Jüncheꝛn Eberharth von Merenberg genant Robesamen Amptman zu Kircheim vnd Eberharth Stümell Fauth zu Glyperg in Gegenwurtigkeyt des strengen vnd Vesten Hrn Emrichs von Nassauwe Ritter Vitzthum zur Zyt zu Mentz, vnd segten, wie das Sie von dem Hochwirdigsten, Hochgebornen Fürsten vnd Hrn, Hern Bertolden²), Ertzbischouen zu Mentz vnd Churfürsten Beuellge hetten vnd geschickt waren, des Wolgeborn Weylant Junchrn Philipsen Graue zu Nassawe vnd Sarbrücken, dem Got gnade, Siegell zu entfangen, vnd in Bywesen Notarien vnd Gezugen zur brechen vnd zur schlagen, vnd so gemelt Siegell im Leben des gedachten Wolgeborn ettwan Graue Philipsen, auch etlich Zyt nach siner Gnaden Abgang, durch dye Wolgeborn Junffrauwe Veronicke geborn von Witgenstein Graffin zu Nassauwe vnd Sarbruck Witve ³) vhalten wurden sie vnd nu hinder dem obgenanten Hrn Emrich von Nassauwe Ritter behalten, begerten sye solich Siegell herusz zu geben vnd zu obirliebern, Alsbalde der itzt gemelt Hrn Emrich Schlosz vf sinen Tisch, vnd zeigte da ein rundt Letgin oder Basagin mit Bapier vberzogen, vnd zu beyden Syten durch der obgemelten Wolgeborn Junffrauwen Veronicken Siegell versiegelt, verbischt vnd woll versorgt, als dye bemelten Junchrn Eberhart vnd Eberharth auch Gezugen hie vnden geschreben vffintlich sahen vnd erkanthen, vnd sagt der gedachte Hrn Emmrich, wie das obgemelt Siegell hinder jen gethan sie mit Wissen des vorgenanten vnsers gnedigsten Hrn von Mentz, Acht Tage vngeuerliche nach Abgang des vielgemelten Jonchrn Grauen Philipss selgr. Als solichs alles wie obstent bescheen was, wart das offtgemelt Siegell in dem obgemellten Bossgin versiegelt vnd verbischet heruszgenommen vnd alsbalde zurschlagen vnd Crafftloisz gemacht, Herüber obgenannten Junchrn Eberhart vnd Eberharth baten vnd begerten von mir vffin schriber hie vnden genant Jnen eins oder mehr vnd souiel der Noit sie worde vffin Instrument zu machen vnd zu geben. Diesse Dinge sint gescheen zu Mentz in des offtgemelten Hrn Emmrichs von Nassauwe Hoffe genannt zu der Groszen Eichen Jm Jar, Monat, Tag vnd stunde, wie obsteet. Hieby vnd mit sind gewest dye Vesten vnd Ersamen Johann von Hoestein, Rodulff von Drohe, Johann Rode, Statschriber zu Wetsflar, vnd Emrich Treer botte alle Gezugen hier zu geheischen vnd sunderlich gebetten. Vnd ich Johannes Fryss von Herbrn Clerik Trierl. Bistumbs von Keyserlicher Gewalt ein vffenbar Schriber vnd Notari. Wann ich by allen vnd iglichen obgeschreben Dingen vnd Sachen wie dye ob-

---
¹) ALEXANDER VI. 1492—1503.
²) BERTHOLD Graf VON HENNEBERG 1484—1504.
³) Sie war die zweite Gemahlin des Grafen PHILIPP II.

geschreben sint, mit sampt den obgemelten Getzugen gigenwurtigk gewest bin, solichs alles vnd iglichs also geseen vnd geert. Herumb so han ich dise vffin Instrument dar ohir gemacht mit myner eygen hant geschrieben, vnd mit myne gewenlichem Namen vnd Zeichen gezeichnet vnd beuestigt. Zu Gezugniss vnd merer Sicherheyt aller obbeschreben Dinge vnd Sachen darzu sunderlich gebetten vnd erfordert.

Nach einer anscheinend nicht fehlerfreien Abschrift im Nachlass des ehemaligen Archiv-Directors Freiherrn VON PREUSCHEN. Das Original, Fasc. II. 101. 3. befindet sich im Herzogl. Hausarchiv in Weilburg.¹)

5. Bestimmungen über die Führung des Wappens von Chálon.

"Cesluy, qui en — (de la Principauté d'Aurange) — est Prince, doit porter le nom et armes de Chàlon, sous peine d'en estre privé, comme appert par le testament de JEAN de Chàlon premier Prince d'Aurange de cette famille en date du 21. d'Octobre 1417. Item par le testament de GVILLIAVME Prince d'Aurange, fils de LOVIS fils de JEAN susdit, en date du 15. de Juin 1459. Item par le testament de JEAN fils de GVILLIAVME en date du 6. d'Avril 1502. Item par le testament de PHILIBERT fils de JEAN en date du 3. de May 1520. Laquelle ordonnance fut mise en execution par RENE fils de HENRY, Comte de Nassau, et de Dame CLAVDE de Chàlon, lequel laissant le nom et armes de Nassav, a retenu le nom et armes de Chàlon et mourant sans generation le 15. de Juillet 1544 aagé de 26 ans, avec permission et consentement de feu de tres-heureuse memoire CHARLES le V. Empereur par son testament en date du 20. de Juing 1544 instituta GVILLIAVME Comte de Nassau, son cousin germain, Prince d'Auranche, lequel porta ses armes escartellées de Nassau, Catzen-Ellebogen, Vianden et Brunsvic ²) a l'escu escartellé de Chalon et d'Auranche sur tout, et surchargé de Geneve."

So cidit CHRISTIJN I. pag. 130 "JOANNES SCOHIER, tract. comportement d'armes."

6. Beschreibung des im Jahre 1805 eingeführten grösseren Nassauischen Wappens.

In dem Herzschild:

1. Als Fürst zu Nassau ein goldener Löwe mit rother Krone und Zunge im blauen mit sieben schrägliegenden Schindeln bestreutem Felde.

In dessen erster Umgebung mit vier Feldern:

2. Wegen der Kurtrierischen Landen: Im silbernen Felde ein rothes Kreuz.
3. Als Pfalzgraf bei Rhein im schwarzen Felde ein goldener Löwe mit rother Krone.

---

¹) Wenn diese erst während des Drucks aufgefundene Urkunde auch nicht direct hierhin gehört, so dürfte Ihre Mittheilung doch manchem Heraldiker willkommen sein.

²) Muss natürlich „Diest" heissen.

4. Wegen der Kurcölnischen Landen: im silbernen Felde ein schwarzes Kreuz.
5. Als Graf zu Sayn im rothen Felde ein aufgerichteter goldener Löwe.

In dessen zweiter Umgebung mit zwölf Feldern:

6. Als Herr zu Mahlberg im goldenen Felde ein schwarzer Löwe.
7. Als Graf zu Dietz zwei im rothen Felde übereinander gehende goldene Leoparden.
8. Als Graf zu Weilnau zwei übereinander gehende rothe Leoparden im goldenen Felde.
9. Als Graf zu Catzenelnbogen im goldenen Felde ein aufgerichteter rother Leoparde mit blauer Krone.
10. Als Graf zu Königstein ein schwarzer Löwe im goldenen Felde.
11. Als Herr zu Limburg eine roth und weiß geschachte Querbinde im blauen Felde und darinnen oben 7 und unten 7 goldene Schindeln, wovon jedesmal 4 in der ersten, und 3 in der zweiten Reihe stehen.
12. Als Herr zu Freusburg ein schief liegender mit drei schwarzen wilden Schweinsköpfen besetzter silberner Gürtel im schwarzen Felde.
13. Als Herr zu Homburg in der Grafschaft Altenkirchen eine silberne Burg im rothen Felde.
14. Als Graf zu Sayn Wittgenstein zwei perpendicular stehende schwarze Pfähle im silbernen Felde.
15. Als Herr zu Eppstein drei scharlachrothe Sparren im silbernen Felde.
16. Als Herr zu Merenberg im grünen Felde ein goldenes Andreaskreuz, in jedem Winkel von drei gemeinen goldenen Kreuzlein besetzt.
17. Als Burggraf zu Hammerstein drei silberne Hämmer im blauen Felde.

Dieses größere Wappen ist oben mit einer Fürstenkrone geziert, und Schildhalter sind zwei ganz aufgerichtet stehende goldene Löwen.

Die Umschrift an den zum Gebrauch bei Ausfertigungen gestochenen größeren Siegeln heißet also: „Fridericus Augustus Dei Gratia Princeps Nassoviae".

<small>Copie in Dr. ROSSEL's Nachlaß mit der Bezeichnung: Min. Acten.
Urschrift jetzt im Herzogl. Nassauischen Hausarchiv in Weilburg.</small>

7. *Bestimmungen betreffend das Königlich Niederländische Wappen,*
d. d. 24. August 1815, aus dem „Staatsblad der Nederlanden" No. 48.

Wij Willem, bij de gratie Gods, Koning der Nederlanden, Prins van Oranje-Nassau, Groot-Hertog van Luxemburg, enz. enz. enz.

Bij gelegenheid der vereeniging van alle de Nederlandsche Provincien tot een Koningrijk, het Rijkswapen willende vaststellen;

Hebben besloten en besluiten:

Art. 1. Het wapen van het Koningrijk der Nederlanden, zoo wel als dat van Ons en Onze Successeuren, Koningen der Nederlanden, zal bestaan in Ons aangeboren Geslachtswapen van Nassau, zijnde een klimmende Leeuw van goud, getongd van keel, op een veld van azuur, bezaaid mit gouden blokken, welk Wapen Wij alsnu vermeerderen door te bepalen dat de Leeuw zal zijn gekroond met eene Koninklijke Kroon, en dat hij in den regten voorklaauw een opgestoken zwaard houden zal, en in de linker een bundel pijlen met gouden punten, de punten omhoog en de pijlen met een gouden lint te zamen gebonden.

Art. 2. De Prinsen van Oranje, Kroonprinsen der Nederlanden, zullen het Rijkswapen voeren, gevierendeeld met de wapenen van het Prinsdom van Oranje, zoodanig als Wij die tot dusverre gevoerd hebben; terwijl de oudste Zoon van den Prins van Oranje hetzelfde wapen als zijn Vader zal voeren, doch gebroken met een barensteel van keel met drie stukken of pendants.

Art. 3. De tweede Zoon des Konings zal het Rijkswapen voeren gebroken en chef met een barensteel van keel in drie stukken en een gouden pijl op dezelve.

Art. 4. De oudste Dochter van den Koning zal mede het Rijkswapen voeren, doch gebroken mit een barensteel van keel van drie stukken en op het middelste eene gouden Koninklijke Kroon.

Art. 5. Aan de jongere Zonen en Dochteren des Konings wordt insgelijks het Rijkswapen met een barensteel van keel van drie stukken toegewezen, doch voorzien van zoodanige verdere teekenen of brisures als in der tijd zal worden bepaald.

Art. 6. De jongere Zonen en de Dochteren des Prinsen van Oranje, alsmede de verdere Kleinzonen en Kleindochteren des Konings, voeren het Rijkswapen gebroken met een barensteel van vijf stukken, onder bijvoeging van zoodanige teekenen als in der tijd voor ieder hunner zal worden bepaald.

Art. 7. Alle Onze wettige Descendenten, zoo vrouwelijke als mannelijke, zullen, tot dekking hunner wapenschilden de Koninklijke Kroon en tot schildhouders of tenants twee gekroonde Leeuwen voeren.

Art. 8. Wij behouden voor Ons en Onze mannelijke Descendenten het devies Je Maintiendrai en het aloude Nassausche helmteeken of Cimier, zijnde twee uit eene gouden kroon zich verheffende Olifantstrompen van azur, met gouden blokken bezaaid, tusschen welke de ongekroonde gouden Leeuw zit.

Gegeven in 's Gravenhage, den 24. Augustus des jaars 1815, het tweede van Onze regering.

get. WILLEM.

Van wege den Koning.

get. A. R. FALCK.

Bemerkungen zu den Wappentafeln.

Tafel I.

Das Wappen der Grafen von Nassau Ottonischen Stammes aus dem im Anfang des 15. Jahrhunderts gemalten, überaus prächtigen Wappencodex im Besitz des Königl. Landraths a. D. Herrn R. Freiherrn von Scheibler-Hülhoven zu Aachen. Mit gütiger Erlaubniſs des Besitzers facsimilirt von dem Bildhauer und Gymnasial-Zeichenlehrer, Herrn C. von Reth in Aachen.

Tafel II.

Das Wappen Seiner Hoheit des Herzogs von Nassau nach den Bestimmungen von 1805 gemalt von dem Königl. Hof-Wappenmaler Herrn H. Nahde in Berlin.

Tafel III.

Das Wappen Seiner Majestät des Königs der Niederlande nach den Bestimmungen von 1815 gemalt von Herrn Nahde.
In Bezug auf den Wappenmantel ist weder für das Herzogliche noch für das Königliche Wappen eine Bestimmung getroffen. Keinem von beiden pflegt aber dieser Schmuck zu fehlen, und dürfte der Entwurf des Herrn Nahde sowohl in dieser Hinsicht als rücksichtlich einiger geringer, in heraldischer Beziehung durchaus gebotener, Abweichungen von den officiellen Bestimmungen gerechtfertigt erscheinen.

Tafel IV.

No. 1. Siegel der Grafen Heinrich und Robert von Nassau an einer Urkunde von 1230 im Königl. Staatsarchiv zu Idstein.
No. 2. Siegel des Grafen Heinrich an einer Urkunde von 1246 ebenda.
No. 3. Siegel des Grafen Otto an einer Urkunde von 1258 ebenda.

No. 4. Siegel des Grafen GERLACH an einer Urkunde von 1344 im Königlichen Staatsarchiv zu Coblenz.
No. 5. Siegel des Grafen ADOLF I. von Wiesbaden an einer Urkunde von 1353, seiner Zeit im Besitz des Freiherrn V. PREUSCHEN.
No. 6. Siegel des Grafen JOHANN I. von Weilburg an einer Urkunde von 1340 im Königlichen Staatsarchiv zu Idstein.
No. 7. Desgl. an einer Urkunde von 1344 ebenda.
No. 8. Desgl. an einer Urkunde von 1366 im Archiv der Stadt Wetzlar.
No. 9. Siegel des Grafen OTTO II. VON DILLENBURG an einer Urkunde von 1341 im Königlichen Staatsarchiv zu Idstein.
No. 10. Siegel des Grafen JOHANN I. VON DILLENBURG an einer Urkunde von 1394 im Königlichen Staatsarchiv zu Coblenz.

Tafel V.

No. 11. Siegel des Grafen ADOLF VON DILLENBURG an einer Urkunde von 1416, seiner Zeit im Besitz des Herrn KRAKEL in St. Goarshausen.
No. 12. Siegel des Grafen HEINRICH IV. VON BEILSTEIN an einer Urkunde von 1478 im Königlichen Staatsarchiv zu Idstein.
No. 13. Siegel des Grafen JOHANN V. VON DILLENBURG von 1481 im Besitz des Herrn F. WARNECKE zu Berlin.
No. 14. Siegel des Grafen JOHANN II. VON BEILSTEIN an einer Urkunde von 1505 im Königlichen Staatsarchiv zu Idstein.
No. 15. Siegel des Grafen ADOLF VON IDSTEIN an einer Urkunde von 1497 ebenda.
No. 16. Siegel des Grafen PHILIPP I. VON WEILBURG an einer Urkunde von 1427 im Archiv der Stadt Wetzlar.
No. 17. Siegel des Grafen JOHANN IV. VON SAARBRÜCKEN von 1568 ohne Quellenangabe im Museum zu Wiesbaden.
No. 18. Siegel des Grafen PHILIPP IV. VON WEILBURG-SAARBRÜCKEN an einer Urkunde von 1588 im Grofsherzoglich Hessischen Haus- und Staatsarchiv zu Darmstadt.
No. 19. Siegel des Grafen ENGELBERT I. VON DILLENBURG. Abgufs im Museum zu Wiesbaden mit der Notiz: „Original in Idstein".
No. 20. Siegel des Grafen HEINRICH II. VON DILLENBURG an einer Urkunde von 1444 im Königlichen Staatsarchiv zu Idstein.
No. 21. Siegel des Grafen LUDWIG II. VON WEILBURG-SAARBRÜCKEN an einer Urkunde von 1615 im Archiv der Familie VON GREIFFENCLAU zu Vollraths.

Tafel VI.

No. 1. Wappen des Grafen JOHANN II. VON SAARBRÜCKEN nach dem „Mannlehnbuch von Kurpfalz" im verjüngten Maafsstabe.
No. 2. Gemeinsames Wappen sämmtlicher Linien des Walramischen Stammes von 1660 bis 1805 nach Siegeln.
No. 3. Wappen des Fürsten RENATUS VON NASSAU-CHALON nach den Angaben des Ordens-Kanzlers CHIFFLET CLXXXVII.

No. 4. Wappen des Fürsten WILHELM I. VON ORANIEN nach seinem Siegel (No. 641 der Sammlung des Herrn F. WARNECKE).

No. 5. und 6. Wappen der oranischen Linie von 1584 bis 1702 nach Siegeln, z. Z. im Besitz des Antiquars Herrn LEMPERTZ in Bonn und nach Münzen aus der Sammlung des Herrn Polizeiraths HÖHN.

No. 7. Wappen des Fürsten MORITZ VON ORANIEN nach Medaillen von 1621 und 1624 aus der Sammlung des Herrn Polizeiraths HÖHN.

Tafel VII.

No. 8. Wappen des Königs WILHELM III. von Grofsbritannien nach seinem Siegel auf dem Patent für einen niederländischen Obersten im Besitz des Herrn Grafen NAHUYS in Wiesbaden.

No. 9. Wappen der Oranischen Linie von 1702—1814 nach einem Siegel WILHELMS V. im Museum in Wiesbaden.

No. 10. Wappen des Souverainen Fürsten der Vereinigten Niederlande nach der officiellen Beschreibung im „Staatsblad der Nederlanden".

No. 11. Wappen der Linien zu CATZENELNBOGEN nach einem Siegel des Grafen JOHANN des älteren von 1595 im Museum zu Wiesbaden.

No. 12. Wappen der protestantischen Linie zu Siegen nach einem Holzschnitt des 18. Jahrhunderts.

No. 13. Wappen des Fürsten ADOLF VON NASSAU-SCHAUMBURG nach der Beschreibung im Armorial von Rietstap und nach Bärsch.¹)

¹) Auf Tafel IV. und V. hat Herr NAHDE die Siegel genau copirt, während er auf Tafel VI. und VII. die Wappen nach den angeführten Quellen entworfen hat.

WAPPEN-REGISTER.

		Seite
Borkelo	Niederländische Provinz Gelderland	18
Borsselen	Siehe Veere.	
Bretagne		16
Bronckhorst	Niederländische Provinz Gelderland	18
Büren	Niederländische Provinz Holland	16
Catzenelnbogen	Regierungs-Bezirk Wiesbaden	14
Châlon	Grafschaft. Französ: Châlonais im Gegensatz zur Stadt Châlon, Depart. Saône-Loire	15
Cöln		11
Diest	Niederländische Provinz Brabant	6
Dietz	Regierungs-Bezirk Wiesbaden	13
England		17
Eppstein	Regierungs-Bezirk Wiesbaden	11
Frankreich		17
Freusburg	Regierungs-Bezirk Coblenz	10
Genf	Grafschaft. Französ: Genevois im Gegensatz zur Stadt Genève, um welche die Grafschaft liegt	15
Geroldseck	Siehe Lahr.	
Hammerstein	Regierungs-Bezirk Coblenz	12
Heinsberg	Regierungs-Bezirk Aachen	6
Holzappel	Regierungs-Bezirk Wiesbaden	18
Homburg	Regierungs-Bezirk Arnsberg	10
Irland		17
Königstein	Regierungs-Bezirk Wiesbaden	11
Lahr	Ortenau	7
Limburg an der Lahn	Regierungs-Bezirk Wiesbaden	12
Limburg- (Styrum)	Hohenlimburg an der Lenne, Regierungs-Bezirk Arnsberg	18
Luxemburg		16
Mahlberg	Ortenau	7
Merenberg	Regierungs-Bezirk Wiesbaden	6
Mörs	Regierungs-Bezirk Düsseldorf	7
Niederlande		19
Oranien	Departement Vaucluse	15
Perweys	Siehe Vianden.	
Pfalzgraf bei Rhein		11

		Seite
Saarbrücken	Regierungs-Bezirk Trier	5
Saarwerden	Lothringen	7
Sachsen		17
Sayn	Regierungs-Bezirk Coblenz und Wiesbaden	10
Schaumburg	Siehe Holzappel.	
Schottland		17
Sponheim	Regierungs-Bezirk Coblenz	6
Styrum	Siehe Limburg-Styrum.	
Trier		11
Veere	Niederländische Provinz Seeland	16
Vianden	Luxemburg	12
Wellnau	Regierungs-Bezirk Wiesbaden	9
Wisch	Niederländische Provinz Gelderland	18
Wittgenstein	Regierungs-Bezirk Arnsberg	10

Gedruckt bei Julius Sittenfeld in Berlin W.

Tafel I.

Tafel II.

Tafel III.

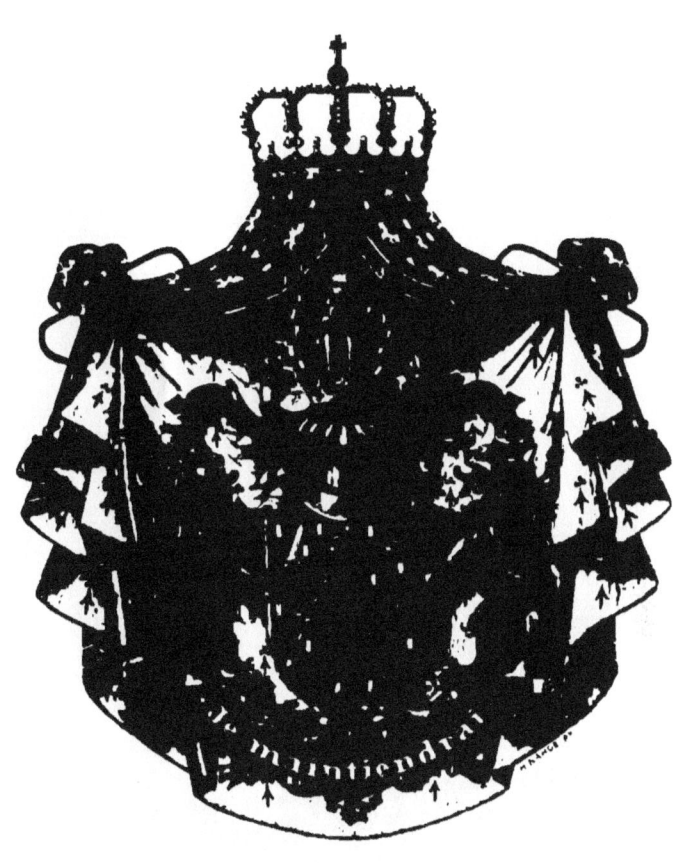

Tafel IV.

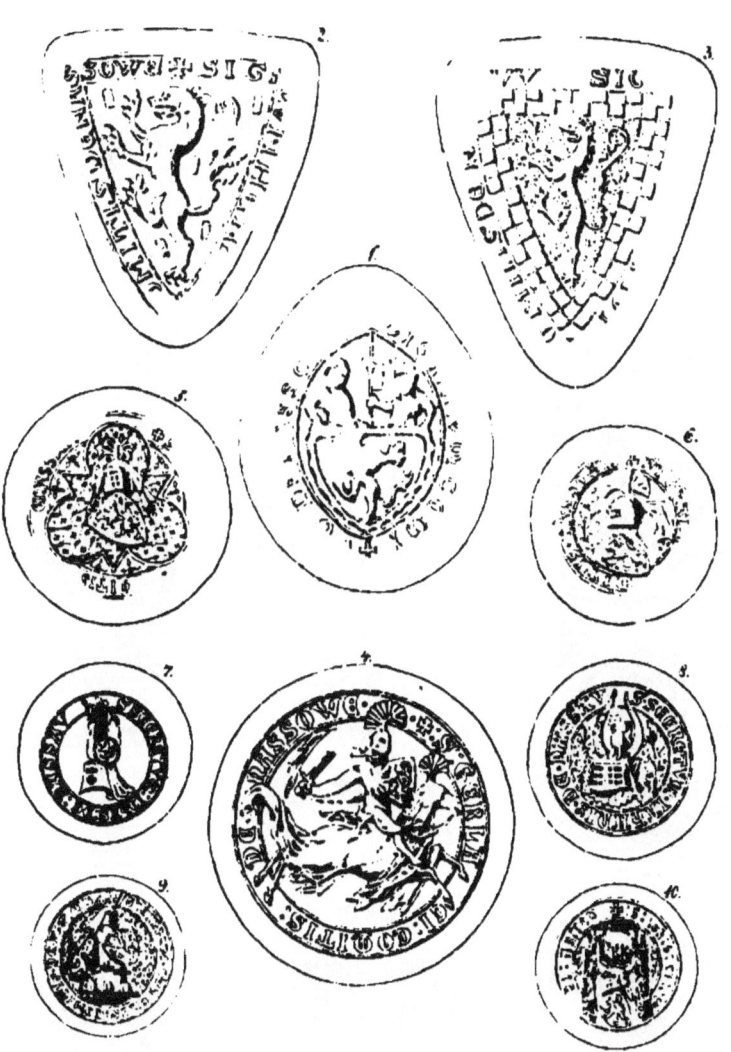

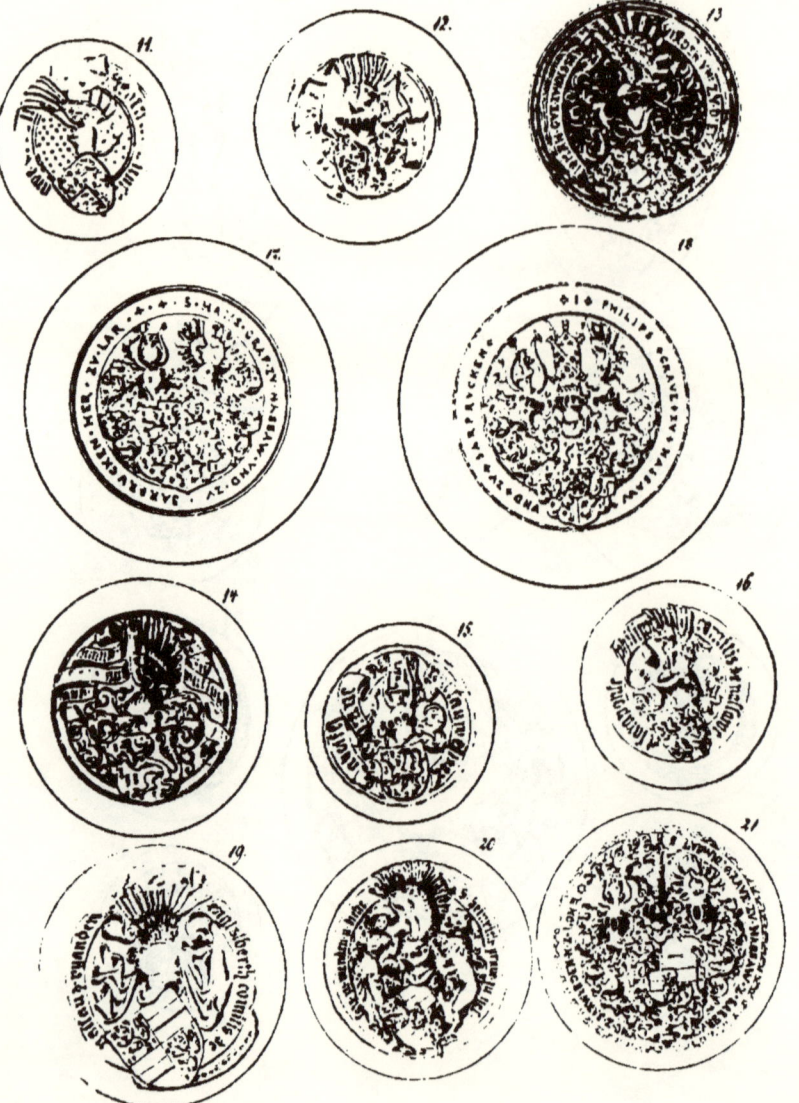

Tafel V.

Tafel VI.

Tafel VII.

www.ingramcontent.com/pod-product-compliance
Lightning Source LLC
Chambersburg PA
CBHW020324090426
42735CB00009B/1395